# 股票投资入门与实战指南

张琳 著

GUPIAO TOUZI RUMEN
YU SHIZHAN ZHINAN

0.56822478521356485

·北京·

本书由浅入深地介绍了股票及与之相关的其他投资工具，包括股票型基金、股票价格指数期货、股票期权等的基本概念、特征、分类及投资策略。作者在编写过程中，将最新的案例充实于本书各章节之中，并附有实训部分，以便让读者能够熟练掌握投资过程中需要分析的各种因素以及所用的分析方法和存在的分析技巧。另外，突出了简明性、实用性和模块性的特点。

本书内容充实、文笔流畅、逻辑性强，可以作为证券公司、基金公司等培训、指导以及和客户沟通时的读本，也适合初涉股市的股民及想要学习炒股的朋友，还可作为高等院校证券投资课程的实训教材，同时，也可供有投资理财需求的社会各界人士阅读参考。

### 图书在版编目（CIP）数据

股票投资入门与实战指南 / 张琳著．— 北京：化学工业出版社，2018.3
ISBN 978-7-122-31499-4

Ⅰ.①股… Ⅱ.①张… Ⅲ.①股票投资-基本知识 Ⅳ.①F830.91

中国版本图书馆CIP数据核字（2018）第025827号

责任编辑：蔡洪伟　　　　　　　　　　　　文字编辑：李　曦
责任校对：王素芹　　　　　　　　　　　　装帧设计：王晓宇

出版发行：化学工业出版社（北京市东城区青年湖南街13号　邮政编码100011）
印　　装：中煤（北京）印务有限公司
787mm×1092mm　1/16　印张8½　字数208千字　2018年6月北京第1版第1次印刷

购书咨询：010-64518888（传真：010-64519686）　售后服务：010-64518899
网　　址：http://www.cip.com.cn
凡购买本书，如有缺损质量问题，本社销售中心负责调换。

定　　价：45.00元　　　　　　　　　　　　　　　　　　版权所有　违者必究

# 前 言 FOREWORD

从2008年至今,中国股市经历过六千多点的高点和一千多点的低点,其间有人一夜暴富,有人倾家荡产。股市让人又爱又恨。那么,对于很多想要炒股或初涉股市的朋友,如何正确面对股市、选择股票,是个很重要的课题。

中国有句古话叫"生意不熟不做"。任何投资成功的人士,都对自己所投资的领域有着深入的了解。股票投资也不例外。在投资前,投资者需要认真学习股票基础知识并进行模拟操作,积累经验。同时,要仔细调研,自己没有了解透、想明白之前不应仓促决策。

事实上,"炒股"并不是一门晦涩难懂的学问。"股神"巴菲特在自己11岁的时候就购买了生平第一只股票,试问一个小孩都能搞明白的股票基本操作,对成年人又有何难。关键是要做到熟练掌握基础知识、积累经验和理清思路。

本书最大的特点就是将以上提到的股票基础知识和股票投资理念贯穿始终,采用生活化的语言让投资者能在较短的时间内掌握基本理论及投资思路。同时,为启发读者的实战灵感,本书还配备了大量的实战案例,包括如何开户和运用炒股软件、股票常用术语、股民必看的技术指标、盯盘必须注意的细节等。本书贯彻理论联系实际的思路,让炒股新手获得实实在在的理论支撑,多几分理性思考,少走弯路,规避被套牢和亏损的风险。

著者

2018年4月

# 目 录 CONTENTS

## 第一章 股票基础知识 / 001

一、认识股票 / 001
二、炒股准备 / 013

## 第二章 股票交易步骤及技巧 / 017

一、股票交易步骤 / 017
二、股票投资分析 / 025
　　（一）基本分析 / 025
　　（二）技术分析 / 056

## 第三章 股票型基金 / 091

一、证券投资基金的概念及特点 / 091
二、基金的分类 / 093
三、股票型基金的投资策略 / 098
四、基金交易规则 / 099

一、金融衍生工具 / 102
二、股指期货合约的交易特点及规则 / 105
三、交易程序（入市门槛）/ 106
四、交易策略 / 107

第四章 Chapter 04
股票价格指数期货
101

一、期权的定义及特征 / 111
二、股票期权 / 113
三、我国的股票期权 / 114

第五章 Chapter 05
股票期权
111

**附录　上市公司行业分类指引　/　117**
**附件：上市公司行业资料调查表　/　129**
**参考文献　/　130**

# 第一章

## 股票基础知识

## 一、认识股票

### 1. 证券的概念

在了解股票之前,我们需要先认识证券,因为股票是最主要的一种有价证券。如何简单地理解"证券"这一抽象概念呢?可以把"证"和"券"分开来看。"证"理解为证据、凭证;"券"是一种纸张。把"证"和"券"合起来,"证券"即指一种证明持券人有权按券面记载内容行使某种权利的证据或凭证。比如你有一张火锅店的八折券,那么你就可以到指定的火锅店享受八折的优惠,而不是五折,因为券面记载的内容是八折而不是别的折扣。或者你有一张超市的 100 元的购物券,你就能到超市购买 100 元的商品,而不是 200 元,因为券面印着 100 元。

以上两个例子说明证券在本质上就是一种凭证,只不过在形式上存在差别,可以是塑料卡片,也可以无纸化,比如股票,现在的股票多是电脑中的一串代码。打折券、购物券这类凭证和股票,显然都是证券(股票可用来证明股东身份),那么它们之间又有哪些根本的区别呢?这需要详细了解证券的分类。

证券可以分为有价证券和无价证券。

在这里,"有价"和"无价"的"价",可以简单地理解为"交易价格"。有交易价格的证券是有价证券,比如股票;无交易价格的证券是无价证券,比如打折券、购物券。当然这只是最简单的分类,现实中有价证券又分为广义的有价证券和狭义的有价证券,如图1-1所示。

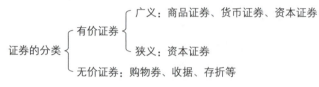

图1-1 证券的分类

广义的有价证券主要包括商品证券、货币证券和资本证券。商品证券指证明持券人有商品所有权或使用权的证券,取得这种证券就等于取得了相关商品的所有权,如提货单、运货单等。货币证券是表明对货币享有请求权的证券,货币证券主要包括两大类:一类是商业证券,主要包括商业汇票和商业本票;另一类是银行证券,主要有银行汇票、银行本票和支票;资本证券是表示投资的凭证和享有收益请求权的证券,如股票、债券等。狭义上的有价证券主要指的是资本证券,也就是证券市场中的证券产品,其中包括股票、债券、股票期货、期权、利率期货等(本书中后文讲到的证券指的是狭义的有价证券)。

很显然,最初提到的打折券、购物券属于无价证券,仅仅是一种凭证,并不能用来交易,或者说并不具有投资或投机价值。

了解了证券后,现在学习股票。我国最早出现的股票是外商股票,直到19世纪70年代,清政府洋务派兴办工业,先有了股份制企业才有了中国自己的股票,那么股票到底是什么?简单来讲,股票就是合伙票。比如,一个人开公司可能面临资金不足的问题,或因经营不善破产而需要自己承担全部责任的风险(个人业主制)。可如果两个或两个以上的人一起出资办公司,既能减轻资金压力,破产的话还不需要独自承担责任,只是获利后需要根据出资规模共同分红(合伙制),这种合伙办企业模式明显比个人业主制企业更易存活。股份制企业在法律要求、企业人数、公司章程等方面都比合伙制企业的要求更细致。我国《公司法》规定只有股份制公司才能发行股票,所以股票可以简单理解为股份制公司发行的、用以证明股东身份的一种凭证。股票首先是股东的出资证明;其次,根据股东所持有的股票数量,享受公司的分红派息。

小常识:企业(公司)的三种组织形式的对比(见表1-1)。

表1-1 企业(公司)三种组织形式的对比

| 企业类型 | 优点 | 缺点 |
| --- | --- | --- |
| 单人业主制 | 无法人资格,属于自然人;容易建立;<br>决策过程简单,决策自由灵活;<br>企业规模小,易于管理;<br>只交个人所得税 | 决策不受约束、规模小,容易破产;<br>所有者承担无限责任;<br>企业随所有者的死亡而结束 |
| 合伙制(两人及以上合资) | 无法人资格,属于自然人;<br>容易建立,规模较大,较易于管理;<br>分工与专业化程度强,决策多样化;<br>合伙人退出(离开、死亡等)仍可存在;<br>只交个人所得税 | 形成统一意见困难;<br>所有者承担无限责任;<br>合伙人之间的契约欠稳定,容易退出而导致资本短缺 |
| 公司制(股份制) | 具有法人资格;<br>所有者承担有限责任;<br>筹资容易;<br>管理不受所有者能力限制;<br>容易长久存在 | 管理体系复杂,决策缓慢;<br>要交公司所得税和个人所得税 |

接下来，我们看一下股票的正式概念并重点分析股票的特征。

**2. 股票的概念**

股票是股份证书的简称，是股份制公司为筹集资金而发行给股东作为持股凭证并借以取得股息和红利的一种有价证券。每股股票都代表股东对企业拥有一个基本单位的所有权。股票是股份制公司资本的构成部分，可以转让、买卖和作价抵押，是资本市场主要的长期信用工具。

**3. 股票的特征**

根据股票的概念，股票具有以下特征。

（1）收益性

收益性是股票最基本的特点。投资者或公司的发起人之所以愿意出资成为公司的股东，就是因为股票能为其带来收益。如果股票不具有收益性，将不会有人愿意持有股票，那么股份制公司也不可能通过发行股票而筹集到资金了。股票的收益性体现在两个方面。首先，股东凭其持有的股票，有权从公司领取股息或红利，获取投资的收益（详见案例）。股息或红利来源于公司的净利润，股息或红利的大小主要取决于公司的盈利水平和公司的盈利分配政策。上市公司对利润的分配顺序为：偿还债务、纳税、弥补亏损、提取法定公积金、提取任意盈余公积金、分配优先股股息、向普通股股东分配股利。表1-2给出了2012~2016年累计分红总额前三十名上市公司的数据。股票的收益性还表现在股票投资者可以获得价差收入或实现资产保值增值。股票的价格是个变量，股价往往受到供求关系、宏观政策、行业消息、公司盈利能力、投资者心理因素等影响而上下波动。如果能够把握机会，低价买入、高价卖出，投资者则可以赚取价差利润。以贵州茅台（600519）为例，见图1-2，如果在2014年3月底

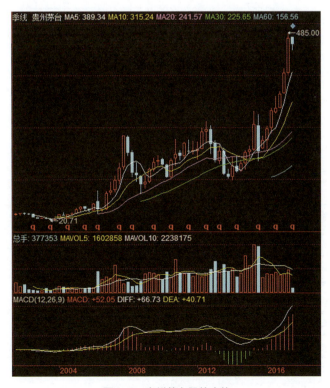

图1-2　贵州茅台股价走势

投资100000元以每股151元买入该公司股票，到2017年6月28日便能以每股485元的市场价格卖出，利润率高达220%。另外，在通货膨胀时，股票价格会随着公司原有资产重置价格上升而上涨，从而避免了资产贬值，股票通常被视为在高通货膨胀期间可优先选择的投资对象。

表1-2  2012~2016年累计分红总额前三十名上市公司统计表

单位：亿元

| 排名 | 证券代码 | 证券名称 | 2012 | 2013 | 2014 | 2015 | 2016 | 合计 |
|---|---|---|---|---|---|---|---|---|
| 1 | 601398.SH | 工商银行 | 835.65 | 919.58 | 910.26 | 831.50 | — | 3496.99 |
| 2 | 601939.SH | 建设银行 | 670.03 | 750.03 | 752.53 | 685.03 | — | 2857.63 |
| 3 | 601288.SH | 农业银行 | 508.30 | 574.89 | 591.13 | 541.76 | — | 2216.07 |
| 4 | 601988.SH | 中国银行 | 488.51 | 547.55 | 548.59 | 515.18 | — | 2099.83 |
| 5 | 601857.SH | 中国石油 | 518.97 | 583.20 | 482.28 | 159.83 | 38.99 | 1783.27 |
| 6 | 600028.SH | 中国石化 | 266.15 | 280.10 | 238.29 | 181.61 | 95.65 | 1061.80 |
| 7 | 601328.SH | 交通银行 | 178.23 | 193.08 | 200.51 | 200.51 | — | 772.33 |
| 8 | 600036.SH | 招商银行 | 135.93 | 156.36 | 168.97 | 174.02 | — | 635.29 |
| 9 | 601088.SH | 中国神华 | 190.94 | 181.00 | 147.18 | 63.65 | — | 582.77 |
| 10 | 600104.SH | 上汽集团 | 66.15 | 132.31 | 143.33 | 149.95 | — | 491.74 |
| 11 | 600000.SH | 浦发银行 | 102.59 | 123.11 | 141.21 | 101.21 | — | 468.13 |
| 12 | 601166.SH | 兴业银行 | 72.40 | 87.64 | 108.60 | 116.22 | — | 384.86 |
| 13 | 601628.SH | 中国人寿 | 39.57 | 84.79 | 113.06 | 118.71 | — | 356.14 |
| 14 | 600016.SH | 民生银行 | 85.10 | 73.18 | 65.66 | 85.74 | 41.96 | 351.64 |
| 15 | 601998.SH | 中信银行 | 70.18 | 117.90 | — | 103.74 | — | 291.83 |
| 16 | 601318.SH | 中国平安 | 35.62 | 51.45 | 65.49 | 96.89 | 36.56 | 286.01 |
| 17 | 601818.SH | 光大银行 | 23.45 | 80.29 | 86.82 | 88.69 | — | 279.25 |
| 18 | 601006.SH | 大秦铁路 | 57.98 | 63.93 | 71.36 | 66.90 | — | 260.17 |
| 19 | 000651.SZ | 格力电器 | 30.08 | 45.12 | 90.24 | 90.24 | — | 255.67 |
| 20 | 600900.SH | 长江电力 | 54.71 | 46.27 | 62.55 | 78.53 | — | 242.06 |
| 21 | 600519.SH | 贵州茅台 | 66.64 | 45.41 | 49.95 | 77.52 | — | 239.52 |
| 22 | 600011.SH | 华能国际 | 29.52 | 53.41 | 54.80 | 71.44 | — | 209.17 |
| 23 | 601601.SH | 中国太保 | 31.72 | 36.25 | 45.31 | 90.62 | — | 203.90 |
| 24 | 000002.SZ | 万科A | 19.81 | 45.16 | 55.19 | 79.48 | — | 199.64 |
| 25 | 601668.SH | 中国建筑 | 31.50 | 42.90 | 51.60 | 60.00 | — | 186.00 |
| 26 | 000895.SZ | 双汇发展 | 14.85 | 31.91 | 31.25 | 41.24 | 29.70 | 148.95 |
| 27 | 600015.SH | 华夏银行 | 32.19 | 38.74 | 38.74 | 38.79 | — | 148.45 |
| 28 | 600030.SH | 中信证券 | 33.05 | 16.53 | 34.15 | 60.58 | — | 144.31 |
| 29 | 600018.SH | 上港集团 | 30.49 | 28.90 | 35.04 | 35.69 | — | 130.12 |
| 30 | 000333.SZ | 美的集团 | — | 33.73 | 42.16 | 51.21 | — | 127.09 |

（2）风险性

和收益相对的正是风险。风险指的是无法保证获取收益的不确定性。确定的事物无风险，不确定的事物皆有风险。把钱存在银行也会面临银行倒闭或利率下跌的风险。风险既然指的是无法获得收益的不确定性，那么股票的风险也应体现在以下几点。

①分红方面。公司分红的基础是净利润，公司的盈利能力强，分红的可能性大且数量高；盈利能力差，分红的可能性差或数量低；公司若破产，那投资者手中的股票就成了废纸一堆。实际上，在我国三千多家上市公司中，并不是所有的公司在任何会计期间的净利润都是正数。2016年三季报亏损的有363家，占上市公司总数的12.21%，2016年半年报的这两个数据分别为401家和13.69%，2015年三季报的这两个数据分别为463家和16.54%。表1-3给出了2015年上市公司净利润亏损排名前五十位的。如果公司亏损，必然不会分红，那么那些盈利的公司是否必然会分红呢？答案是否定的，其中金杯汽车（600609）连续十五年未分红，同力水泥（000885）连续十年未分红，洛阳玻璃（600876）连续十二年未分红。最后，那些净利润为正且决定分红的公司，分红的数目差异也很大，从表1-4中可以看出，不同的公司分红差距可能达到10倍之多。

表1-3　2015年上市公司净利润亏损排名前五十位

| 代码 | 名称 | 净利润/万元 |
| --- | --- | --- |
| 600005.SH | 武钢股份 | -751480.18 |
| 600307.SH | 酒钢宏兴 | -736387.36 |
| 601005.SH | 重庆钢铁 | -598724.80 |
| 002608.SZ | *ST舜船 | -545040.34 |
| 600808.SH | 马钢股份 | -480429.97 |
| 000898.SZ | 鞍钢股份 | -459300.00 |
| 601558.SH | 华锐风电 | -445226.98 |
| 600058.SH | 五矿发展 | -395300.40 |
| 000825.SZ | 太钢不锈 | -371139.76 |
| 600010.SH | 包钢股份 | -330632.91 |
| 000761.SZ | 本钢板材 | -329362.45 |
| 601225.SH | 陕西煤业 | -298854.16 |
| 000932.SZ | 华菱钢铁 | -295895.38 |
| 601866.SH | 中海集运 | -294911.40 |
| 600432.SH | 吉恩镍业 | -286952.00 |
| 601989.SH | 中国重工 | -262148.45 |
| 600725.SH | 云维股份 | -260033.18 |
| 000717.SZ | *ST韶钢 | -259550.05 |
| 601918.SH | 国投新集 | -256116.40 |
| 600569.SH | 安阳钢铁 | -255062.26 |
| 601898.SH | 中煤能源 | -252008.90 |

续表

| 代码 | 名称 | 净利润/万元 |
|---|---|---|
| 600581.SH | *ST八钢 | −250862.50 |
| 600675.SH | *ST中企 | −248707.27 |
| 600282.SH | 南钢股份 | −243242.59 |

表1-4 上市公司分红情况表

| 股票代码 | 股票简称 | 公司名称 | 税前每股红利 | 税后每股红利 | 股权登记日 |
|---|---|---|---|---|---|
| 600498 | 烽火通信 | 烽火通信科技股份有限公司 | 0.340 | 0.340 | 2017-07-20 |
| 600266 | 北京城建 | 北京城建投资发展股份有限公司 | 0.280 | 0.280 | 2017-07-20 |
| 600395 | 盘江股份 | 贵州盘江精煤股份有限公司 | 0.240 | 0.240 | 2017-07-20 |
| 600687 | 刚泰控股 | 甘肃刚泰控股（集团）股份有限公司 | 0.035 | 0.035 | 2017-07-20 |
| 600590 | 泰豪科技 | 泰豪科技股份有限公司 | 0.120 | 0.120 | 2017-07-20 |
| 600999 | 招商证券 | 招商证券股份有限公司 | 0.189 | 0.189 | 2017-07-20 |
| 601965 | 中国汽研 | 中国汽车工程研究院股份有限公司 | 0.150 | 0.150 | 2017-07-20 |
| 600642 | 申能股份 | 申能股份有限公司 | 0.220 | 0.220 | 2017-07-20 |
| 600705 | 中航资本 | 中航资本控股股份有限公司 | 0.067 | 0.067 | 2017-07-20 |
| 600616 | 金枫酒业 | 上海金枫酒业股份有限公司 | 0.050 | 0.050 | 2017-07-19 |
| 600446 | 金证股份 | 深圳市金证科技股份有限公司 | 0.085 | 0.085 | 2017-07-19 |
| 600677 | 航天通信 | 航天通信控股集团股份有限公司 | 0.020 | 0.020 | 2017-07-19 |

②股价方面。上市公司的股票在交易市场上作为交易对象，同商品一样，有自己的市场行情和市场价格。由于股票价格要受到诸多因素的影响，其波动有很大的不确定性。正是这种不确定性，有可能使股票投资者遭受损失。2017年上半年，A股有多只股票价格出现断崖式下跌，其中高管减持、操盘手恶意打压和股民恐慌是主要原因。如果不合时机地在高价位买进这类股票，就会导致严重损失。图1-3的股票兴民智通（002355）就经历了典型的断崖式下跌。股价波动的不确定性越大，投资风险也越大。一般情况下，大多数不具备丰富投资经验的投资者都很难准确判断出自己所买股票的价格走势。因此，股票是一种高风险的金融产品。

（3）参与性

股东有权出席股东大会，选举公司董事会，参与公司重大决策。股票持有者的投资意志和享有的经济利益，通常是通过出席股东大会来行使股东权。股东参与公司决策的权利大小，取决于其所持有的股份的多少。从实践中看，只要股东持有的股票数量达到左右决策结果所需的实际多数时，就能掌握公司的决策控制权。股东无论大小都可参与股东大会，小股东可通过网络关注股东大会及投票，具体留意上市公司公告，在交易软件及一些财经网站上都可查询到公司召开股东大会的具体事项。图1-4是某上市公司召开股东大会的公告，投资者可随时通过交易软件查询。

（4）流通性

股票的流通性是指股票在不同投资者之间的可交易性。流通性通常以可流通的股票数量、

图1-3 兴民智通（002355）股价走势图

(a)

2. 本次股东大会没有变更或否决议案的情况。

一、会议召开基本情况

1. 会议召开时间

现场会议时间为：2017年6月8日（星期四）下午15:30

网络投票时间为：2017年6月7~8日，其中，通过深圳证券交易所交易系统进行网络投票的具体时间为2017年6月8日上午9:30-11:30，下午13:00-15:00；通过互联网投票系统进行网络投票的具体时间为2017年6月7日下午15:00至2017年6月8日下午15:00的任意时间。

2. 会议地点

山东省龙口市龙口经济开发区公司办公楼一楼会议室。

(b)

〈　　　　公司公告　　　Aa

1. 现场会议情况

出席现场会议的股东共11人，代表股份19470726股，占公司股份总数的3.7903%。

2. 网络投票情况

通过深圳证券交易所交易系统和互联网投票系统投票的股东共0人，代表股份0股，占公司股份总数的0%。

3. 中小投资者出席情况

通过现场和网络投票参加本次会议的中小投资者共6人，代表股份3583726股，占公司股份总数的0.6976%。

公司部分董事、监事、高级管理人员和公司聘请的见证律师出席了会议。

三、议案审议表决情况

图1-4 某上市公司关于召开股东大会的公告

股票成交量以及股价对交易量的敏感程度来衡量。可流通股票数越多，成交量越大，价格对成交量越不敏感（价格不会随着成交量一同变化），股票的流通性就越好，反之就越差。股票的流通，使投资者可以在市场上卖出所持有的股票，取得现金。通过股票的流通和股价的变动，可以看出人们对于相关行业和上市公司的发展前景和盈利潜力的判断。那些在流通市场上吸引大量投资者、股价不断上涨的行业和公司，可以通过增发股票，不断吸收大量资本进入生产经营活动，收到优化资源配置的效果。"换手率"是衡量股票流通性好坏的一个指标，换手率高，进出市场比较容易，不会出现想买买不到、想卖卖不出的现象，具有较强的变现能力。不过换手率较高的股票，往往也是短线资金追逐的对象，投机性较强，股价起伏较大，风险也相对较大。

（5）永久性

股票所载有的权利的有效性是始终不变的，因为它是一种无限期的法律凭证。股票的有效期与股份制公司的存续期间相联系，两者是并存的关系。只要投资者持有股票，且股份制公司一直存在，那么投资者股东的身份就永远存在，除非公司破产或将股票卖出。股票的有效期与公司的合法存续期间相联系，两者是并存的关系。股票这种永久性的特点，使得投资者必须明白，自己持有的股票一旦出现持续性下跌，而自己又没有及时止损，那只能忍痛割肉或长期持有等待上涨，是不能退还给股份制公司的。

## 案例

### 股票分红派息的四个重要日期以及除权除息

分红派息是指上市公司向其股东派发红利和股息的过程，也是股东实现自己权益的过程。分红派息主要有现金股利和股票股利两种。在分红派息前夕，持有股票的股东一定要密切关注与分红派息有关的4个日期。

（1）股息宣布日，即公司董事会将分红派息的消息公布于众的时间。

（2）股权登记日，即统计和确认参加股息红利分配的股东的日期，在此期间持有公司股票的股东方能享受股利发放。

（3）除权除息日，通常为股权登记日之后的一个工作日，本日之后（含本日）买入的股票不再享有本期股利。

（4）发放日，即股息正式发放给股东的日期。根据证券存管和资金划拨的效率的不同，通常会在几个工作日之内到达股东账户。

投资者需密切关注交易软件里上市公司的公告（打开交易软件，点击个股便可在页面看到公告），如图1-5所示。

若想了解该股历史分红情况，则点击个股资料中的分红融资，如图1-6所示。

因发放股票股利而向下调整股价就是除权（股票前标注XR），因发放现金股利而向下调整股价就是除息（股票前标注XD）。

除权或除息的产生系因为投资人在除权或除息日之前与当天购买，虽买到的是同一家公司的股票，但是内含的权益不同，显然相当不公平。因此，必须在除权或除息日当天向下调整股价，成为除权或除息参考价。

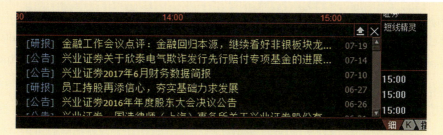

图1-5 上市公司的公告

图1-6 个股分红融资

除权参考价的计算:

当公司发放股票股利时,流通在外的股数增多,发放股票前后,公司整体价值不变,仅股数增多了,所以在除权后,每股价值就会下降,成为除权参考价。

除权参考价＝前一交易日该股票收盘价／(1+配股率)

如:B公司决定于7月15日发放股票股利五百股(即配股率为50%),7月14日的收盘价为150元,那么在7月15日除权当天的参考价将为150／(1+0.5)=100元。

在除息日要计算除息价格。股票除息的计算公式为:

除息价＝除息日前一交易日收盘价－每股股息

如果送股、转增股、配股和除息同时进行,则在除权除息日要计算除权除息价。其计算方法是在除权价计算公式的分子中减去每股股息。

例如:A公司决定于8月7日除息,发放现金股利3元,8月6日收盘价为50元,那么在8月7日的开盘参考价将为(50-3)元,即47元。

现在很多公司在发放股利时,会采取配股加配息的方式。

既除权又除息的参考价计算公式如下。

除权(息)价＝(前收盘价－现金红利＋配股价格×流通股份变动比例)／(1+流通

股份变动比例）。

例如：某公司10元派发现金红利1.50元，同时按10配5的比例配股，配股价为6.40，若公司股票除权除息日前收盘价为11.05元，则除权报价＝（11.05−0.15+6.40×0.5）/1.5=9.40元。

以上这些股票的特征，主要是针对普通股。股票有多种分类，接下来我们学习股票的分类。

### 4. 股票的分类

（1）按照股东权利的不同，可以将股票分为普通股和优先股

普通股是最基本、最常见的股票形式，也是最重要的形式，其持有者享有股东的基本权利和义务。与普通股相对应的是优先股，优先股股票股息固定，并且在股息分配以及在公司解散时剩余财产的分配方面是优先于普通股的，故而称其为优先股。二者在股东所享有的权利方面有所不同。

①参与公司经营的权利不同。普通股作为基本的股票形式，其股东可以参加每年一次的股东大会，有权投票选举董事，有权对公司的合并、解散以及公司章程的修改等重大决策发表意见，且股份制公司最高权力机构——股东大会，是由普通股股东组成的。而优先股股东则不具有投票权，无权对公司的经营管理发表意见。

②与公司盈利的分配权不同。普通股的股息是不固定的，其股息的大小取决于公司的经营状况和盈利水平。而优先股的股息是固定的，在发行之时就约定了固定的股息率，无论公司经营状况和盈利水平如何变化，优先股的股息率都不变。

③参与公司剩余财产的分配权不同。在股份制公司破产或解散时，普通股必须在优先股分配完之后若还有剩余，才有权参与分配。从这个意义上来说，优先股是一种混合证券，同时具有股票和债券的特征。

④优先认股权不同。在股份制公司增资扩股时，为了保证普通股股东有权保持其对股份制公司所有权的占有比例，普通股股东享有优先认股权，而优先股股东则不具有这种权利。

根据以上区别可以看出，持有优先股的投资者并不是为了参与公司的经营管理或获取价差收益，而是为了获得固定的股息收益。我们来看一个案例。

**案例**

**巴菲特投资高盛优先股的成功案例**

股神巴菲特是一个热衷于优先股的投资者，并且在危机中也受益于优先股。在2008年的金融危机中，巴菲特管理的伯克希尔·哈撒韦公司曾以50亿美元的价格从高盛集团购入了部分优先股，以帮助高盛集团增加资本额，并恢复市场对该投资银行巨头的信心。在接受巴菲特投资之后的一天，高盛集团成功地进行了一次增股，获得57.5亿美元融资。

巴菲特在2011年致股东的信中表示，对高盛集团的投资每天带来超过100万美元回

报。数据显示，巴菲特的这笔投资每年获得派息超过5亿美元。不过，这对于高盛集团的压力可想而知。2011年3月19日，高盛集团宣布支付55亿美元赎回在2008年全球金融危机爆发时出售给沃伦·巴菲特旗下的伯克希尔·哈撒韦公司的高盛集团优先股。

除了购买高盛的优先股，2011年8月25日，巴菲特还购入50亿美元美国银行的优先股。股神显然是从高盛集团的优先股交易中尝到了甜头。

在2008年全球金融危机爆发后，优先股作为一种特殊的注资方式，在金融危机时期，成为实施金融救援计划的主要金融工具。例如，2008年10月，美国政府宣布用1250亿美元购入花旗银行、摩根大通等九家主要银行的优先股。这首先提升了市场信心，避免了危机的进一步扩散；其次，优先股提升了金融机构的资本充足率，缓解了金融机构的融资压力；第三，对政府而言，政府一方面能获得丰厚的优先股股息，又不干涉公司的内部经营，避免了传统国有企业存在的种种问题。

**小常识：我国优先股发展情况**

2013年11月30日，国务院决定开展优先股试点，并发布了《关于开展优先股试点的指导意见》（以下称《指导意见》）。《指导意见》从优先股股东的权利与义务、优先股发行与交易、组织管理和配套政策三个方面明确了相关内容。

《指导意见》中有四点非常重要：①优先股可以公开发行也可以非公开发行；②发行优先股不得超过普通股总数的50%；③优先股可以作为并购重组的支付手段；④企业投资优先股的投资收益，符合条件的免税。目前在主板上发行优先股的企业绝大部分是银行类企业，可见，优先股特别适合金融类企业。

2015年11月2日晚，新三板公司鑫庄农贷在股转系统官网上发布《非公开发行优先股预案》，新三板出现首例优先股发行。公告显示，鑫庄农贷采取非公开发行的方式，本次拟发行的优先股数量不超过220万股，每股票面金额为人民币100元，以票面金额平价发行，计划融资规模不超过2.2亿元人民币，发行对象为符合《优先股试点管理办法》规定的合格投资者。

（2）按股票是否记载股东姓名可以将股票分为记名股票和不记名股票

记名股票是指在股票票面和股份公司的股东名册上记载股东姓名的股票。一般来说，如果股票是归某人所有，则应记载其持有人的姓名。如果股票持有者因故改换姓名，则应到公司办理变更姓名的手续。只有在股票和股东名册上登记姓名者才能被承认为股东，也才能行使其股东权利。

不记名股票则是指在股票票面和股份公司股东名册上均不记载股东姓名的股票。

因两者的形式不同，使得各自有其优缺点。

①记名股票的股东权利只属于记名股东，而不记名股票的股东权利则属于股票持有者。
②记名股票的认购款项不必一次缴足，而不记名股票的认购款项必须在认购时一次缴足。
③记名股票的转让相对复杂，而不记名股票的转让相对便利。

（3）按股票票面上是否记载一定的金额，可将股票分为有面额股票和无面额股票

有面额股票是指在股票票面上记载一定金额的股票。股票票面上记载的票面金额，可以为股票发行价格的确定提供依据。我国《公司法》第一百二十七条规定："股票发行价格可以按票面金额，也可以超过票面金额，但不得低于票面金额。"

无面额股票是指在股票票面上不记载票面的面额，只标明其在公司总股本中所占比例的股票。因此，无面额股票也称为比例股票或者份额股票。无面额股票的特点在于其因没有票面金额，不受发行价格底线的限制，发行或转让价格较为灵活。同时，由于无面额股票不受票面金额的限制，发行该股票的公司就能比较容易地进行股票分割。

（4）按照股票发行公司的绩效，可以将股票分为蓝筹股和垃圾股

蓝筹股是指具有稳定的盈余记录，能定期分派较优厚的股息，被公认为业绩优良的公司的普通股票，又称为"绩优股"。"蓝筹"一词源于西方赌场。在西方赌场中，有三种颜色的筹码，其中蓝色筹码最值钱，红色筹码次之，白色筹码最差，投资者把这些行话套用到股票投资中。

**小常识**

根据国家规定，只有关系民生和对国家经济有较大影响的企业才能以"中"字开头命名，对应到上市公司也是同样的道理，因而市场以"中"字头来代表那些国资控股的巨型、垄断性质的上市公司，涉及的资金也大多是社保、商业保险以及汇金等国家资金，一般属于蓝筹股，如中国石油（601857）、中国建筑（601668）、中国船舶（600150）、中国人寿（601628）等。

垃圾股是指业绩较差的公司的股票。这类上市公司或者由于行业前景不好，或者由于经营不善等，有的甚至进入亏损行列。其股票在市场上的表现为萎靡不振、股价走低、交投不活跃、年终分红差等。

但绩优股和垃圾股不是天生的和绝对的。绩优股公司决策失误，经营不当，其股票可能沦为垃圾股，而垃圾股公司经过资产重组和经营管理水平的提高，抓住市场热点，打开中场局面，也可能将其股票变为绩优股。股票市场中绩优股和垃圾股并存的格局，也警示着上市公司并非从此高枕无忧，股票市场容不得滥竽充数，是绩优股还是垃圾股，也依赖于上市公司本身的努力。

### 案例

#### 首家退市央企

长航油运原系A股上市公司，曾是我国境内最大的油运企业。受国际航运市场持续低迷影响，公司自2010年起连续亏损，生产经营陷入困境，于2014年6月5日终止上市，成为境内首家退市央企。

（5）按股票发行和交易市场划分，可以将股票分为A股、B股、H股、N股、S股等

A股又名人民币普通股票。它是由我国境内的公司发行，供境内机构、组织或个人（不含中国台湾、香港及澳门地区投资者）以人民币认购和交易的普通股股票，也就是大多数普通投资者日常所买卖的股票。

B股又名人民币特种股票，它是以人民币标明面值，以外币认购和买卖，在境内（上海、深圳）证券交易所上市交易的。深圳证券交易所是以港币交易，上海证券交易所是以美元交易。它的投资人限于外国的自然人、法人和其他组织，中国香港、澳门及台湾地区的自然人、法人和其他组织，定居在国外的中国公民，中国证监会规定的其他投资人（现在境内居民个人也可买卖B股）。B股公司的注册地和上市地都在境内，只不过投资者在境外或在中国香港、

澳门及台湾地区。

H股即注册地在内地、上市地在香港地区的外资股。香港的英文是Hong Kong，所以也称H股，如腾讯控股（00700）。

N股一般是指那些在中国大陆注册，在纽约（New York）上市的外资股。

在我国股市中还有一层意思，当股票名称前出现了字母N，表示这只股是当日新上市的股票，字母N是英语New（新）的缩写。

S股通常是指新加坡上市公司股票，是指那些主要生产或者经营等核心业务在中国大陆，而企业的注册地在内地，但是在新加坡交易所上市挂牌的企业股票。

S股还指尚未进行股权分置改革或者已进入改革程序但尚未实施股权分置改革方案的股票，在股名前加S，此标记从2006年10月9日起启用。

**小常识：B股开户操作流程**

境内居民个人开立B股资金账户和股票账户，须提供身份证原件及复印件、B股证券账户卡，此外还必须按如下要求办理。

（1）凭本人身份证到其原外汇存款银行将其现汇存款和外币现钞存款划入证券股份有限公司指定的当地银行的B股资金账户号，暂时不允许跨行或异地划转外汇资金。银行应当向客户出具进账凭证，并向证券营业部出具对账单。

（2）凭本人身份证和本人进账凭证到证券营业部柜台开立B股资金账户。开立B股资金账户的最低金额为等值1000美元。客户本人填写《开户申请表》。

## 案例　阿里巴巴属于什么股？

### 阿里首日市值2314亿美元　全球第二大互联网公司

北京时间2015年9月19日晚，阿里巴巴正式在纽约证券交所挂牌交易，交易代码为BABA。在经过两个多小时博弈后，阿里巴巴开盘价定为92.7美元，较发行价68美元上涨36.32%。截至北京时间9月20日收盘时，阿里巴巴股价达到93.89美元，涨幅为38.07%。以收盘价计算，阿里巴巴市值超过2314亿美元，成为全球第二大互联网公司。同时，此次IPO也使马云个人获得巨大财富，根据收盘价计算，马云身价超过200亿美元，成为中国首富。

很显然，阿里巴巴属于N股。

# 二、炒股准备

掌握了最基础的股票理论知识，我们还需要对投资市场的自身特点有一个充分的了解，以做好实战的准备。

### 1. 收益和风险

收益特指证券投资收益,指投资者在一定时期内进行投资,其所得与支出的差额,即证券投资者在从事证券投资活动中所获得的报酬。股票投资收益是指股票持有人因拥有股票所有权而获得的超出股票实际购买价格的收益,它由股利、资本利得和资本增值收益组成。

风险特指证券投资风险,指投资者在证券投资过程中遭受损失或达不到预期收益率的可能性。

一般而言,风险是指对投资者预期收益的背离,或者说是证券收益的不确定性。证券投资的风险是指证券预期收益变动的可能性及变动幅度。与证券投资相关的所有风险称为总风险,总风险可分为系统风险和非系统风险两大类。

(1)系统风险

系统风险是指由于某种全局性的共同因素引起的投资收益的可能变动,这些因素来自企业外部,是单一证券无法抗拒和回避的,因此又叫不可回避风险。这些共同的因素会对所有企业产生不同程度的影响,不能通过多样化投资而分散,因此又称为不可分散风险。系统风险包括政策风险、经济周期性波动风险、利率风险和购买力风险等。

(2)非系统风险

非系统风险是指只对某个行业或个别公司的证券产生影响的风险。非系统风险是可以抵消回避的,因此又称为可分散风险或可回避风险。非系统风险包括信用风险、经营风险、财务风险等。

收益与风险是相对的。也就是说,风险较大的证券,其要求的收益率相对较高;反之,收益率较低的投资对象,风险相对较小。风险与收益共生共存,承担风险是获取收益的前提;收益是风险的成本和报酬。通常收益越高,风险越大。投资者只能在收益和风险之间加以权衡,即在风险相同的证券中选择收益较高的,或在收益相同的证券中选择风险较小的进行投资。所以,收益以风险为代价,风险用收益来补偿。投资者投资的目的是为了得到收益,与此同时,又不可避免地面临着风险。

## 案例

### 昌九生化连续跌停

2013年11月13日,在连续7个交易日"一字"板无量跌停之后,上海证券交易所(以下简称"上交所")"两融"标的——昌九生化宣布紧急停牌,但该股断崖式跳水已导致融资买入的投资者血本无归。虽然从11月14日起该公司股票停牌,但如果停牌期间该公司不能有实质性利好出台,那么该公司股票复牌后仍难逃多个跌停板的命运。持有该公司股票的投资者损失惨重,而该公司股票的融资客户更是面临着爆仓的困境。

昌九生化遭遇连续跌停的厄运,究其原因在于该公司重组预期落空。2012年12月以来,在"赣州稀土借壳昌九生化上市"传闻的刺激下,昌九生化出现了一波飙升的走势,股价从2012年12月4日的最低价11.12元上涨到2013年5月9日的最高价40.60元,涨幅高达265.11%。虽然随后该公司股价出现一定程度的回调,但截至2013年11月1日,该股股价仍然站在29元以上。然而,随着11月4日赣州稀土借壳重组威华股份消息的发布,赣州稀土借壳昌九生化上市的传闻也就彻底落空,昌九生化的厄运因此降临。

在这起事件中,作为上市公司的昌九生化到底应不应该承担责任,应该承担怎样的责任,目前公司与投资者之间各据一词。最终结局如何,只有等待证监会在调查之后再来给出答案。不过,即便最终证监会认定昌九生化需要承担责任,但对于昌九生化这种"人员、资金、财产"全无的公司,要赔偿投资者的损失也是一件困难的事情。

正所谓"吃一堑长一智","昌九生化事件"无疑为投资者敲响了一次警钟。面对"昌九生化事件",作为投资者来说在尽可能地争取索赔机会的同时有必要认真反省自己,认真总结教训。若能如此,"昌九生化事件"对于投资者未来的投资来说也许能够坏事变好事。

那么,"昌九生化事件"为投资者敲响了怎样的警钟呢?

首先,不要轻信上市公司并购重组传闻。并购重组题材确实在市场上充满了活力,仅2013年前10个月,上市公司的并购重组案就达到了近800件,而且一些上市公司的并购重组也给市场带来了财富效应。不过,投资者也应该看到,在上市公司的并购案中并不乏部分公司并购重组计划落空的。至少市场上对并购重组传闻的炒作,其中更不乏存在某些陷阱。就昌九生化来说,虽然在"赣州稀土借壳上市"的问题上,该公司在信息披露上确实存在某些问题,至少该公司没有明确否认"赣州稀土借壳上市"的传闻。但实际上,该公司同样也没有明确肯定"赣州稀土借壳昌九生化上市"的消息。赣州稀土借壳昌九生化上市始终停留于传闻的层面,既有借壳的可能,也有不借壳的可能。因此,对于这种始终没有得到上市公司方面确认的"传闻",投资者不要轻易相信。投资者即便是"赌借壳",也要有风险意识,要严格控制股票仓位,将投资风险控制在自己可以承受的范围之内。

其次,慎用"两融"工具。融资融券既给投资者的投资提供了方便,也给投资者的投资增加了风险,归根到底,融资融券是一把双刃剑。投资者操作得当,融资融券就会给投资者增加投资收益,但操作不当,它就会给投资者增加投资风险。所以,对于融资融券,投资者要谨慎使用,在自己对行情相对有把握的时候使用。而且在使用融资融券工具的时候,投资者一定得有风险意识。尤其是对于昌九生化这种具有并购重组概念的股票,投资者的风险意识更要加强。毕竟昌九生化的重组始终处于传闻层面,而且公司的股价已被透支。投资者融资买进的风险极大。

其三,投资者要切忌多头情结,要学会做空。中国股市由于长期的单边市,投资者只有做多才能赚钱,由此培养了投资者的多头情结,甚至把不少投资者培养成了"死多头"。但融资融券业务是切忌"死多头"的。这次"昌九生化事件",出现爆仓的就是融资做多的投资者。实际上,如果投资者能够融券做空,那么这次的事件就会让融券者赚得盆满钵满。但遗憾的是,截至昌九生化11月14日停牌,该股票的融券余额只有1700股。可见,正是一味做多,让投资者在"昌九生化事件"中损失惨重。

**名词解释:**

(1)借壳上市:借壳上市是指一家私人公司通过把资产注入一家市值较低的已上市公司(壳,即Shell),得到该公司一定程度的控股权,利用其上市公司地位,使母公司的资产得以上市。通常该壳公司会被改名。借壳上市,是很多中小企业谋求发展,实现资本变现的一种重要手段。

（2）融资融券：又称"证券信用交易"，是指投资者向具有像深圳证券交易所和上海证券交易所会员资格的证券公司提供担保物，借入资金买入该所上市证券或借入该所上市证券并卖出的行为。

（3）做多：证券公司借款给客户购买证券，客户到期偿还本息，客户向证券公司融资买进证券，也称为"买空"。

（4）做空：证券公司出借证券给客户出售，客户到期返还相同种类和数量的证券并支付利息，也称为"卖空"。

请分析案例中的风险属于哪种风险，为什么？并根据案例说明风险与收益的关系。

### 2. 认识自我

（1）稳健投资型

稳健型投资者对风险的关注要大于对收益的关注，希望在较低风险下获取稳健的收益。尽管投资时间较短，但风险较低，投资者的资产可能保持一个稳步上升的态势。对于稳健型投资者，其投资组合可以均衡配置于股票类资产和债券类资产（或股票型基金和债券型基金）以及混合型基金，为了应付紧急的资金使用，还需要配置一定比例的货币市场基金。

（2）保守投资型

保守型投资者是典型的风险厌恶者，注重获得相对确定的投资回报，但不追求高额的回报，且忍受不了短期内的资产大幅波动。投资期限内，回报率的波动性较小。这种类型的投资者，能够在短期内克服风险，获得稳定收益，但从中长期来看，回报率较低。这类投资者应主要配置于风险较小的品种，如货币市场基金或债券型基金。同时，可以用小部分的资金配置于混合型基金和股票型基金，以在风险可控的情况下，增加投资收益。

（3）积极投资型

积极型投资者在投资中注重获得丰厚的投资回报，但对风险难以控制的领域敬而远之。这类投资者的投资时间较长，投资品种风险偏高，因此，在投资期限内，最终获得的投资回报也往往较为可观。对于积极型投资者，其投资组合可以较大比例配置股票类资产或股票型基金，同时还有小部分比例配置于债券型基金和现金类金融工具。在资产配置过程中，要注重把控整体的期限结构和风险水平。

（4）激进投资型

激进型投资者或者因为财务状况十分乐观，或者因为投资期限较长，导致风险承受能力很强。为了追求最大回报，愿意承受资产价格的短期大幅波动风险，甚至相对长时间的亏损。若承担较高风险水平，在大多数情况下，也往往能够带来较高的收益回报。这种类型的投资者可以将绝大部分的资金投资于股票类资产或股票型基金，并且主动涉足一些创新领域。但为了保证投资的收益，需要保证资金的闲置时间，做到长期投资。建议配置一定比例的低风险投资品种，以保证资产的流动性，并降低整体风险水平。

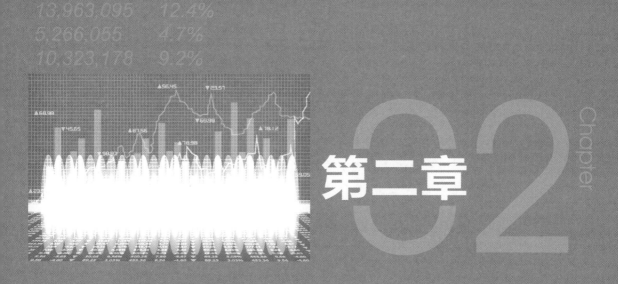

# 第二章
# 股票交易步骤及技巧

## 一、股票交易步骤

股票交易包括开户、委托、竞价、成交、交割、过户六个步骤。

### 1. 开户

就像存钱、取钱需要去银行开户一样,买卖股票也需要先到证券公司开个户。股票开户是指投资者(包括个人或单位)开设证券账户和资金账户的行为。开户具体又包括多种,如期货开户、股市开户、汇市开户等。

流程如下:

①投资者如需入市,应事先开立证券账户卡。可开立深圳证券账户卡和上海证券账户卡。

投资者可以通过所在地的证券营业部(证券公司)或证券登记机构办理,需提供本人有效身份证及复印件,委托他人代办的,还需提供代办人身份证及复印件。

法人持营业执照及复印件、法人委托书、法人代表证明书和经办人身份证办理。

开户费用:深圳证券账户,个人50元/每个账户;机构500元/每个账户。

上海证券账户,个人40元/每个账户;机构400元/每个账户。

②填写开户资料并与证券营业部签订《证券买卖委托合同》(或《证券委托交易协议书》),同时签订有关沪市的《指定交易协议书》。

③证券营业部为投资者开设资金账户。

④开通证券营业部银证转账业务,同时会领到证券公司出具的《证银转账合同》。持该合同到该证券公司指定的银行开设一个个人账户,并由银行办理相关手续。该费用为11元人民币(银行存折卡手续费)。此时开户过程基本结束,可找证券公司员工指导操作账户买卖股票。

当然,投资者的银行账户里还要存入现金,并在证券公司提供的交易软件中进行转款。到证券公司开户比较容易,但是到银行办理银证转账业务需在固定时间办理。上午为9:30—11:30,下午为1:00—3:00。超过此时段无法进行业务办理。

**小常识:我国的证券交易所**

证券交易所是买卖股票、公司债、公债等有价证券的市场。最早的证券交易所是1602年设立的荷兰阿姆斯特丹交易所。在中国,最早的证券交易所是1905年外商组织的上海众业公所,以及1918年设立的北平证券交易所。现代交易所中规模较大的,如纽约和伦敦的证券交易所,都经营各个国家的证券交易。

上海证券交易所成立于1990年11月26日,同年12月19日开业,为不以营利为目的的法人,归属中国证监会直接管理。其主要职能包括:提供证券交易的场所和设施;制定证券交易所的业务规则;接受上市申请,安排证券上市;组织、监督证券交易;对会员、上市公司进行监管;管理和公布市场信息。深圳证券交易所位于深圳市罗湖区地王大厦斜对面,成立于1990年12月1日,于1991年7月3日正式营业,是为证券集中交易提供场所和设施,组织和监督证券交易,实行自律管理的法人,由中国证监会直接监督管理。深圳证券交易所致力于多层次证券市场的建设,所内设立了中小板和创业板,职能与上海证券交易所基本相同。

二者股票的区别为沪市中大中型企业多,相对来说波动小,而深市里中小企业多,特别是创业板企业多,市盈率高,股价波动相对大一些。沪市A股票买卖的代码是以600、601或603打头;深市A股票买卖的代码是以000打头。

图2-1为证券交易所内部及外部的场景。

(a)

(b)

图2-1 证券交易所内部及外部场景

**2. 委托**

在证券交易市场,投资者买卖证券是不能直接进入交易所办理的,而必须通过证券交易所的会员来进行，换而言之，投资者需要通过经纪商（证券公司）的代理才能在证券交易所买卖证券。在这种情况下，投资者向经纪商下达买进或卖出证券的指令，称为"委托"。开户后，投资者就可以在证券营业部办理证券委托买卖。

证券委托有多种形式，投资者可根据自己的情况和开户券商所提供的服务来进行选择。

（1）当面委托

当面委托又称柜台委托，即投资者亲自到证券营业部填写委托单，签章后将委托单、股东卡、身份证交给营业部工作人员办理，工作人员将投资者的委托输入电脑并签章后完成，委托单一式两份，双方各持一份。

（2）电话委托

投资者通过拨号进入券商电话委托系统，下达委托指令进行证券买卖。其最大的特点就是投资者可以不必亲临证券营业部，可在家里、办公室或其他场所，只要有一台双音频电话即可进行委托。

（3）磁卡委托

投资者在进行磁卡委托时，通常是在营业部大厅里的磁卡委托机上刷磁卡，输入个人密码后即可进入交易主菜单。投资者可以根据电脑的提示完成委托买卖、撤单、资金、证券以及成交的查询等操作。

（4）电脑终端自助委托

这是证券营业部提供给大中户使用的一种委托方式。

（5）可视电话委托

通过图文接收机从有线电视网接收交易所实时行情，需要委托时，拨号到证券公司连接远程通信机进行委托或查询，完成后挂机。

（6）网上委托

网上委托是国际证券市场已经发展起来并日益成熟的新业务，是继电话委托、可视电话委托后推出的又一先进的远程委托方式。所谓网上证券委托，就是指券商通过数据专线将证券交易所的股市行情和信息资料实时发送到网上，投资者将自己的电脑通过调制解调器等设备连上网络，通过网络观看股市实时行情，分析个股，查阅上市公司资料和其他信息，委托下单买卖股票。

### 3. 竞价

（1）开盘价

就像菜市场每天早上会有一个各种蔬菜价格的公示牌一样，股票市场在交易日也会有一个这样的价格，以便让投资者在此价格的基础上出价，开始当天的买卖活动，这个价格称为"开盘价"，指某种证券在证券交易所每个交易日开市后的第一笔每股买卖成交价格。世界上大多数证券交易所都采用成交额最大原则来确定开盘价。如果开市后一段时间内（通常为半小时）某种证券没有买卖或没有成交，则取前一日的收盘价作为当日证券的开盘价。如果某证券连续数日未成交，则由证券交易所的场内中介经纪人根据客户对该证券买卖委托的价格走势提出指导价，促使成交后作为该证券的开盘价。在无形化交易市场中，如果某种证券连续数日未成交，以前一日的收盘价作为它的开盘价。竞价分"集合竞价"和"连续竞价"，开盘价一般情况下是在"集合竞价"阶段产生的。

（2）集合竞价

集合竞价指对所有有效委托进行集中处理，深、沪两市的集合竞价时间为交易日上午

9:15—9:25。集合竞价由投资者按照自己所能接受的心理价格自由地进行买卖申报,电脑交易主机系统对全部有效委托进行一次集中撮合处理过程。系统按成交量最大的首先确定的价格产生股票当日的开盘价(详见案例),并及时出现在屏幕上。在集合竞价时间内的有效委托报单未成交,则自动有效进入9:30开始的连续竞价。通过集合竞价,可以反映出该股票是否活跃。如果是活跃的股票,集合竞价所产生的价格一般较前一日高,表明买盘踊跃,股票有上涨趋势。如果是非活跃股或冷门股,通过集合竞价所产生的价格一般较前一日低,买盘较少,股票则有下跌趋势。下午开市没有集合竞价。

### 案例

**集合竞价案例**

表2-1 集合竞价买卖申报情况

| 累计买入申报手数 | 买入申报手数 | 价格/元 | 卖出申报手数 | 累计卖出手数 | 成交量 |
| --- | --- | --- | --- | --- | --- |
| — | — | 6.10 | 300 | 860 | — |
| — | — | 6.07 | 120 | 560 | — |
| 150 | 150 | 6.05 | 100 | 440 | 150 |
| 220 | 70 | 6.00 | 200 | 340 | 220 |
| 420 | 200 | 5.99 | 80 | 140 | 140 |
| 490 | 70 | 5.98 | 60 | 60 | 60 |
| 790 | 300 | 5.95 | — | — | — |

表2-2 集合竞价开盘后的盘面情况

| | | |
| --- | --- | --- |
| 卖盘 | 卖三 | 6.07 120 |
| | 卖二 | 6.05 100 |
| | 卖一 | 6.00 120 |
| 买盘 | 买一 | 5.99 200 |
| | 买二 | 5.98 70 |
| | 买三 | 5.95 300 |

根据表2-1和表2-2,可以看出成交量220最大,所以开盘后以成交量最大的价格6元,作为当天的开盘价。

(3)连续竞价

集合竞价主要产生了开盘价,接着股市要进行连续买卖阶段,因此有了连续竞价。集合竞价中没有成交的买卖指令继续有效,自动进入连续竞价,等待合适的价位成交。连续竞价,即是指对申报的每一笔买卖委托,由电脑交易系统按照以下两种情况产生成交价:最高买进申报与最低卖出申报相同,则该价格即为成交价格;买入申报高于卖出申报时,或卖出申报低于买入申报时，申报在先的价格即为成交价格。按照时间优先原则，申买价高于即时揭示最低申卖价，以最低申卖价成交；申卖价低于最高申买价，以最高申买价成交。两个委托如果不能全部成交，剩余的继续留在单上，等待下次成交。

上海证券交易所在正常交易时间，即每周星期一至星期五9:30—11:30、1:00—3:00，为连续竞价时间。

深圳证券交易所在正常交易时间，即每周星期一至星期五9:30—11:30、1:00—2:57为连续竞价时间。

（4）收盘价

收盘价指某种证券在证券交易所一天交易活动结束前最后一笔交易的成交价格。如当日没有成交，则采用最近一次的成交价格作为收盘价。因为收盘价是当日行情的标准，又是下一个交易日开盘价的依据，可据以预测未来证券市场行情，所以投资者分析行情时，一般采用收盘价作为计算依据。

目前我国沪深股市的收盘价并不完全是最后一笔交易的成交价格，而是一个加权平均价，也叫已调整收盘价。上海证券交易所交易规则规定沪市收盘价为当日该证券最后一笔交易前一分钟所有交易的成交量加权平均价（含最后一笔交易）。当日无成交的，以前收盘价为当日收盘价。深圳证券交易所交易规则规定深市证券的收盘价通过集合竞价的方式产生（2:57—3:00）。收盘集合竞价不能产生收盘价的，以当日该证券最后一笔交易前一分钟所有交易的成交量加权平均价（含最后一笔交易）为收盘价。当日无成交的，以前收盘价为当日收盘价。

**小常识：股票涨跌停规定**

涨跌幅的设定是指证券交易所为了抑制过度投机行为，防止市场出现过分的暴涨暴跌，而在每天的交易中规定当日的证券交易价格在前一个交易日收盘价的基础上上下波动的幅度。股票价格上升到该限制幅度的最高限价为涨停板，而下跌至该限制幅度的最低限度为跌停板。

涨跌幅限制是稳定市场的一种措施。海外金融市场还有市场断路措施与暂停交易、限速交易、特别报价制度、申报价与成交价档位限制、专家或市场中介人调节、调整交易保证金百分比等措施。

一般来说，正常交易中的普通股股票的涨跌幅限制在正负10%以内，ST股票的涨跌幅限制在正负5%以内。但是在下列几种情况下，股票一般不受涨跌幅度限制：

（1）新股上市首日（价格不得高于发行价格的144%且不得低于发行价格的64%）；
（2）股改股票（S开头,但不是ST）完成股改，复牌首日；
（3）增发股票上市当天；
（4）股改后的股票，达不到预计指标，追送股票上市当天；
（5）某些重大资产重组股票，比如合并之类的复牌当天；
（6）退市股票恢复上市日。

> 案例
>
> ### 熔断机制（Circuit Breaker）
>
> 熔断机制也叫自动停盘机制，是指当股指波幅达到规定的熔断点时，交易所为控制

风险采取的暂停交易措施。具体来说是对某一合约在达到涨跌停板之前，设置一个熔断价格，使合约买卖报价在一段时间内只能在这一价格范围内交易的机制。2015年12月4日，上交所、深交所、中金所正式发布指数熔断相关规定，熔断基准指数为沪深300指数，采用5%和7%两档阈值，于2016年1月1日起正式实施。实施一周后，四次触发熔断，为维护市场稳定，证监会宣布自2016年1月8日起暂停实施。

**A股熔断机制为何一"触"即发**

2016年的首个交易日，也是A股熔断机制实施的第一天。出乎大多数市场人士意料，熔断机制在A股市场问世首日便进行了完整的演绎。作为熔断机制基准指数的沪深300指数午后先后触发两档熔断阈值。上交所、深交所、中金所最终于13时33分暂停交易至收盘。

作为一个同时实行涨跌停板制度和熔断制度的股票市场，同时也是一个高度散户化、新兴加转轨特征明显的市场，熔断机制在A股市场问世首日即发生首次熔断，在全球资本市场发展史上可能是一个空前绝后的案例，其中蕴含的巨量信息值得市场人士和有关部门深思。

**原因分析**

面对制度实施首日便实际触发的熔断机制，一些个人投资者并没有做好充足的准备。部分投资者还不清楚熔断是怎么回事，当指数触发5%的熔断阈值时，在投资者中产生了大范围恐慌，使指数很快触及7%。由于下跌速度过快，部分客户还没来得及反应。

在实际操作中，随着熔断阈值的步步逼近，由于担忧失去流动性无法卖出的风险，以趋势投资为主的私募多倾向于加速卖出。

成长股经过三个月的反弹，估值已经在高位，本身积累了很大的做空动能，熔断机制在某种意义上有强烈的心理暗示作用，感觉不妙，先降仓位再说。

在A股的投资者中有相当一部分是趋势投资者，在逼近熔断之时，趋势投资者会加速砸盘，投机资金相互踩踏，加速了市场的下跌，而机构投资者由于风控和应对赎回的要求，在熔断生效之前，也会加速卖出股票回笼现金。

**熔断机制碰撞交易制度**

熔断制度始于美国。美股1987年10月19日遭遇"黑色星期一"之后，美国证券交易委员会研究后推出《布雷德利报告》。报告提出，急速变动的价格无法给投资者提供关于股票需求的真实信息，从而使得市场失去效率。同时，伴随着市场恐慌出现的谣言也阻碍了真实信息的有序传导。市场中止将给投资者足够的时间获取真实的信息，从而使得市场重回有序的状态。该报告也成为熔断制度的理论基础。

而从A股运行情况来看，消息面并不存在直接导致市场大幅下跌的重大利空或传言，首次熔断的15分钟"冷静期"后，市场恐慌情绪反而出现加剧爆发的情形。

### 4. 成交

证券商在接受客户委托，填写委托书后，应立即通知其在证券交易所的经纪人去执行委托。由于要买进或卖出同种证券的客户都不止一家，故他们通过双边拍卖的方式来成交，也就是说，在交易过程中，竞争同时发生在买者之间与卖者之间。证券交易所内的双边拍卖主要有三种方式，即口头竞价交易、板牌竞价交易、计算机终端申报竞价。在我国采用第三种，即电脑自动交易，电脑交易的买卖申报由终端输入，限当日有效。

成交三大原则，即价格优先、时间优先、客户委托优先。

①价格优先。价格优先原则是指较高买进申报优先满足于较低买进申报，较低卖出申报优先满足于较高卖出申报；同价位申报，先申报者优先满足。计算机终端申报竞价和板牌竞价时，除上述的优先原则外，市价买卖优先满足于限价买卖。

②时间优先。这一原则是指口头唱报竞价，按中介经纪人听到的顺序排列；在计算机终端申报竞价时，按计算机主机接收的时间顺序排列；在板牌竞价时，按中介经纪人看到的顺序排列。在无法区分先后时，由中介经纪人组织抽签决定。

③客户委托优先。指客户委托优先于券商自身的委托。

如买卖双方只有市价申报而无限价申报，采用当日最近一次成交价或当时显示价格的价位。

接下来我们对以上成交原则举例说明。

有甲、乙、丙、丁四人，甲的卖出价为10.70元，时间为13：35；乙的卖出价为10.40元，时间为13:40；丙的卖出价为10.75元，时间为13:25；丁的卖出价为10.40元，时间为13:38。那么成交的先后顺序为丁、乙、甲、丙。

**小常识：市价委托和限价委托**

市价委托指投资者对委托券商成交的股票价格没有限制条件，只要求立即按当前的市价成交就可以。股东采用这种方式进行委托。目前投资者委托可以以限价委托进行，也可以市价委托进行。投资者如果以限价委托的方式成交，即投资者在填写委托单的时候，明确具体价格，其成交价不得高于或低于委托价。例如：甲以20元委托买入某股，券商不能以20.01元成交；或甲以20元委托卖出某股，券商不能以19.99元成交。

### 5. 交割

股票交割是指卖方向买方支付股票，买方向卖方支付价款的过程。股票交割最早诞生于美国。

交割是投资人买卖股票后付清价款与转交股票的活动。投资者在委托购买股票成交后，应在规定期限内付清价款并领取股票。同理，卖出股票后应在规定的时间内交付股票并领取价款。这是股票买卖过程中的一个必要环节，一个必须履行的手续。

证券交易一般有下列交割方式。

（1）当日交割

当日交割指买卖双方在成交后的当日就办理完交割事宜。适用于买方急需股票或卖方急需现款的情况。

（2）次日交割

次日交割也称T+1交割，指成交后的下一个营业日正午前办理完成交割事宜，如逢法定假日，则顺延一天。

（3）例行交割

例行交割即自成交日起算，在第五个营业日内办完交割事宜。这是标准的交割方式。一般来说，如果买卖双方在成交时未说明交割方式，即一律视为例行交割方式。

（4）例行递延交割

例行递延交割指买卖双方约定在例行交割后选择某日作为交割时间的交割。买方约定在次日付款，卖方在次日将股票交给买方。

（5）卖方选择交割

卖方选择交割指卖方有权决定交割日期。其期限从成交后5天至60天不等，买卖双方必须订立书面契约。凡按同一价格买入"卖方选择交割"时，期限最长者应具有优先选择权。凡按同一价格卖出"卖方选择交割"时，期限最短者应具有优先成交权。我国目前仍未采用此种交割方式。

我国现在实行的是股票"T+1"、资金"T+0"的交割制度。所谓的"T+0"的T，是指股票成交的当天日期（理解为today）。凡在股票成交当天办理好股票和价款清算交割手续的交易，就称为"T+0"交易。通俗地说，就是当天买入的股票在当天就可以卖出。"T+0"交易曾在我国实行过，但因为它的投机性太大，所以自1995年1月1日起，为了保证股票市场的稳定，防止过度投机，股市改为实行"T+1"交易制度，当日买进的股票，要到下一个交易日才能卖出，股票和现金才能到投资者账上，即交割完毕。同时，对资金仍然实行"T+0"交割，即当日回笼的资金马上可以使用。亦即投资者当天买入的股票不能在当天卖出，第二天才可卖出股票。而当天卖出股票后，资金回到投资者账上，当天就可以用来买股票。但如果想当天就提取卖出股票所得的现金是不行的，必须等到第二天才能将现金提出来。

### 6. 过户

股票过户是投资人从证券市场上买到股票后，到该股票发行公司办理变更股东名簿记载的活动，是股票所有权的转移。股票有记名股票与不记名股票两种。不记名股票可以自由转让，记名股票的转让必须办理过户手续。在证券市场上流通的股票基本上都是记名股票，都应该办理过户手续才能生效。

上海证券交易所的过户手续采用电脑自动过户，买卖双方一旦成交，过户手续就已经办完。深圳证券交易所也在采用先进的过户手续，买卖双方成交后，采用光缆把成交情况传到证券登记过户公司，将买卖记录在股东开设的账户上。

对于纸质股票，原有股东在交割后，应填写股票过户通知书一份，加盖印章后连同股票一起送发行公司的过户机构。公司的过户机构可以自行设置，也可以委托金融机构代办。一般发行公司在其注册住所自行设置过户机构，而在其他区域则委托金融机构代为办理。我国目前一般为金融机构办理，深圳由证券公司负责，上海则为证券交易所办理。如果股票的受让人不止一个，则转让方（卖方）应分别填写过户通知书。如果转让人的账户不止一个，则转让人也应分别填写通知书。

### 案例

**股票交易的费用**

①印花税。根据国家税法规定，在股票（包括A股和B股）成交后对买卖双方投资者按照规定的税率分别征收的税金。卖出时收取，一律为交易金额的千分之一（国家税收，不容浮动）。买入不收，仅卖出时收。

②佣金。指投资者在委托买卖证券成交之后按成交金额的一定比例支付给券商的费用。佣金最高为交易金额的千分之三，不得超过，可以下浮，每笔最低起点5元。佣金依各家券商及各种交易形式（网上交易、电话委托、营业部刷卡）有所不同，具体标准需咨询各家券商。

③过户费。指投资者委托买卖的股票、基金成交后买卖双方为变更股权登记所支付的费用，由中国证券登记结算公司收取。深圳不收，上海收（每1000股收1元，起点1元）。双向收取，即买卖股票都收。

④其他费用。指投资者在委托买卖证券时，向证券营业部缴纳的委托费（通信费）、撤单费、查询费、开户费、磁卡费以及电话委托、自助委托的刷卡费、超时费等。

股票佣金计算方法

①买入上海股票1000股，每股10元，求手续费。（设交易佣金费率是0.3%）

10×1000×0.3%=30元

股票佣金是30元，上海股票过户费1元，手续费共计31元。

②卖出上海股票1000股，每股10元，求手续费。（设交易佣金费率是0.3%）

10×1000×0.3%=30元

10×1000×0.1%=10元

股票佣金是30元，印花税10元，上海股票过户费1元，手续费共计41元。

③如果不知道交易佣金费率，可以通过股票交易软件账户的资金流水查出股票成交的手续费。

例：买入上海股票1000股，每股10元，发生金额10031元，手续费30元，过户费1元，求股票佣金。

股票佣金＝手续费30元

交易佣金费率是多少？

30÷（10×1000）×100%=0.3%

交易佣金费率就是0.3%。

# 二、股票投资分析

在进行股票投资之前，投资者需要对上千只股票进行甄别，挑选出具有投资价值、能给自己带来收益的股票，这并非易事。在我国，绝大多数的中小投资者在整个投资生涯中都经历过亏损和割肉，这其中有股市不成熟等客观原因，但最主要的原因还是投资者自身的主观因素，包括专业知识欠缺、心理不过关、对投资对象研究不透彻等。这里将着重介绍炒股前如何对股市及股票进行系统化的分析，包括基本分析和技术分析，以帮助投资者增加收益，减少损失。

## （一）基本分析

基本分析又称基本面分析，是以证券的内在价值为依据，着重于对影响证券价格及其走势的各项因素的分析，以此决定投资购买何种证券及何时购买。基本面分析是指对宏观分析、行业分析、公司分析等方面。

**1. 宏观分析**

宏观分析是证券投资的基本面分析中的第一步。显然，投资前一定要考虑整体的经济形势是否适合证券投资，因此，这一步骤至关重要。宏观分析就是以宏观经济运行和政策等影响经济形势的因素为研究对象，并对一个国家或地区的经济发展状况和发展趋势进行研判，进而从大方向上把握证券市场的变化动态。

这是基本分析的重要方面，任何公司的经营管理及未来的盈利状况都会受到外部政治经济形势的影响。尽管这种影响是间接的，但却是决定性的。宏观分析主要包括政治因素分析、经济因素分析和经济政策分析。

（1）政治因素分析

①国内政局。一个国家政局稳定就为国内的经济发展和公司的经营提供了良好的政治环境，为证券投资者获得收益提供了基本保证，从而有利于证券市场的平稳发展。相反，一国政局不稳，如果发生政治动乱，人们就会对该国的经济失去信心，大量抛售该国证券，转而购买能保值的黄金、白银或将资金转移到其他国家，从而导致该国证券价格急剧下跌。

②国际政局。国际政治局势对一国证券市场的影响力，与该国的经济开放程度及政治、军事实力相关。一般而言，一国经济开放程度越高及政治、军事实力越弱，其国内证券市场受国际政治局势影响越大。国际政局动荡不安，必然妨碍正常的国际经济贸易活动，甚至危及某些国家国内的政局稳定。因此，那些开放程度高且弱小的国家的经济和证券市场就容易受到国际政局变动的影响。

③突发政治事件。突发政治事件对证券价格的影响比较复杂。在短期内突发政治事件往往造成证券价格下跌，这是因为短时间内人们难以判断突发政治事件会对政局和经济造成什么影响。为了躲避风险，人们会暂时抛出证券，从而导致证券价格下跌。就中长期而言，突发政治事件对证券市场的影响应具体问题具体分析，没有固定的规律可循。这是因为突发政治事件对证券市场有什么影响、影响时间的长短取决于该政治事件对政局和经济的实质影响及人们对这种影响的评价。

### 案例

**突发事件对股市的消极影响**

2001年9月11日，美国纽约世界贸易中心遭到恐怖袭击，大楼倒塌。纽约证券交易所连续四天停止交易，这段时间是第一次世界大战以来停止交易最长的时间。2001年9月17日，"9·11"恐怖袭击后第一天开市，道指下挫684.81点（7.13%），跌至8920.70点，这是1998年12月以来首次跌破9000点大关，华尔街一周之内损失了14%的市值。"9·11"事件不仅给美国股市带来了惊人的损失，同时也冲击了世界其他地区，特别是欧洲国家的股市。法国航空（Air France）股价重挫了7.5%，荷兰KLM股价下滑了4.4%。此外，银行、石油类股也受到了重创。

> **案例** 欧债危机对欧美股市的影响
>
> ### 欧债危机升级重创欧美股市
>
> 欧元区债务危机愈演愈烈的形势，并没有因为希腊政府得到1200亿欧元的援助而发生根本性改变。2010年5月4日，欧洲主要股市均出现暴跌，随之美股也应声下跌。当日，欧元兑美元跌破1.3美元的关口，盘中出现1：1.2936，创下了13个月以来的新低。国际原油也在一片下跌声中凑了热闹，5月4日，国际原油收盘出现了82.19美元/桶的低价。
>
> 欧洲股市的下跌和欧元创下13个月以来的新低，主要是投资者对于欧元区国家的经济发展的预期并不乐观，从而影响了投资信心。美股出现下跌，其中一部分原因是受到欧洲股市的影响，还有一定的补跌的因素。

（2）经济因素分析

在证券投资中，经济因素分析是一个重要环节，只有把握宏观经济发展的大方向，才能把握证券市场的总体变化趋势，做出正确的投资决策。把握宏观经济形势重在找出影响经济变动的因素，并掌握各种因素在不同时期、不同条件下对宏观经济，进而对证券发行公司的影响程度，才能抓住证券投资的市场时机。

①经济周期。市场经济的运行总是呈现复苏、繁荣、衰退和萧条四个阶段的周期性波动，周而复始，螺旋攀升。这种周期性的变动对公司的经营运作与证券市场的行情都有着极大的影响。因此，经济的周期性变动一般对证券市场的行情产生联动效应。

a. 衰退期。在经济衰退时期，公司的产品滞销，公司生产减少，利润相应下降，从而导致股息红利减少，公司股东因收益的减少而纷纷抛售股票，导致股价一跌再跌。

b. 萧条期。公司经营状况的恶化在经济萧条时期达到了极点，整个经济生活处于瘫痪状态，公司纷纷倒闭。公司股东由于普遍看淡经济形势，所以纷纷不计成本地抛售股票，使得股价跌至最低点，市场人气低迷，成交量低。市场处于极度的萧条之中。

c. 复苏期。当国民经济走出最低谷而出现缓慢回升迹象时，公司的生产与销售也略有回升，利润有所增加，股东的收益也有所增加。此时，敏感的投资者预感到经济的复苏期可能到来，所以，开始逐步进入证券市场进行试探性投资。股价开始缓慢回升。由于经济复苏初期的市场利率水平较低，公司进行扩大再生产的资金使用成本相对较低，因而很快会出现经济的快速增长，股价开始迅速攀升。

d. 繁荣期。当国民经济由复苏期进入繁荣期后，公司的生产规模扩大，产量大幅增加，产品畅销，公司利润大增。人们对股息红利的期望值也越来越高，股价随之上涨。进入到繁荣中期后，由于社会资金供不应求，市场利率开始大幅度升高，而投资者对收益的预期不降反升，进而推动经济进入繁荣期的高潮阶段，股价也到达了最高点。

经济周期影响股价变动，但两者的变动周期又不是完全同步的。通常的情况是，不管在经济周期的哪一阶段，股价变动总是比实际的经济周期变动要领先一步。即在衰退以前，股价已开始下跌，而在复苏之前，股价已经回升；经济周期未步入高峰阶段时，股价已经见顶；经济仍处于衰退期间，股市已开始从谷底回升。这是因为股市股价的涨落包含着投资者对经济走势变动的预期和投资者的心理反应等因素。

近几年，从各方媒体的报道及统计部门的数据来看，我国经济正处于复苏期，所以，股市也呈现出一个比较漫长的反复震荡触底、缓慢回升态势（见图2-2）。

图2-2　2016年1月29日—2017年7月21日上证综指周K线

②利率。证券价格对利率变动比较敏感，一般而言，利率的升降与证券价格变化成反向运动的关系，利率降低，证券价格会上升；反之，利率升高，证券价格会下跌。利率主要从以下三个方面影响证券价格。

a.利率水平的变动直接影响到公司的融资成本，从而影响到证券价格。大多数公司都想向银行借款以弥补自有资本不足，因此，利率水平的高低对公司的财务成本有重大的影响。当利率上升时公司融资成本提高，相应地，利润降低，可分配的股利相对减少，甚至无能力兑付到期的债券，从而使证券价格降低。利率降低则可使公司成本负担减轻，盈利相对增加，每股股利也可提高，偿债能力相对提高，从而提高证券价格。

b. 利率的升降会改变证券的投资价值区间，从而使证券价格相应调整。以股票为例，在标准市盈率（或略高于标准市盈率）以下的范围，可认为是股票的投资价值区间。标准市盈率等于1除以1年期定期存款利率。利率上升时，投资者据以评估投资价值的标准市盈率下降，股票价值因此会下降，从而，也会使股票价格相应下降；反之，利率下降时，股票价格就会上升。

c. 利率的升降会引起资金在不同的金融市场上流动，直到达到某种均衡。利率水平变动会影响人们在证券投资和其他代替金融资产如银行存款上的资金分配，从而影响证券价格。利率高时，银行存款的收益率上升，投资者会将部分资金抽离证券市场，转存银行，从而会减少对证券的需求，使证券价格下降。相反，则会使证券的价格上扬。

> 案例

### 美联储加息对A股的影响

北京时间2017年6月15日（周四）凌晨02:00，美国联邦储备委员会（以下简称美联储）宣布将联邦基金利率目标区间上调25个基点到1.00%～1.25%，符合此前市场的普遍预期。本次加息是自2015年12月以来美联储的第四次加息。

那么，美国此次加息，对A股有何影响？

每逢美联储召开议息会议，资本市场都是"心惊胆战"，近年来A股对美联储加息的关注度也越来越高。

据统计，2016年以来，美联储召开过7次议息会议。会议召开前夕，A股有6次是下跌的，下跌概率逾八成，利空冲击比较明显。议息会议结束后，美联储并没有启动加息，A股又重回原有轨道，以上涨为主，表现出明显的强势。

再来看表2-3，美联储的历次加息对A股的影响。

表2-3 美联储历次加息前后A股沪指市场表现

| 时间（北京时间） | 前5个交易日 | 后5个交易日 | 后10个交易日 |
| --- | --- | --- | --- |
| 2004年6月30日 | -2.89% | 2.80% | 0.33% |
| 2004年8月10日 | 1.65% | -2.90% | -4.10% |
| 2004年9月21日 | 16.10% | -0.90% | -4.43% |
| 2004年11月10日 | 0.45% | 0.13% | 0.35% |
| 2004年12月14日 | -2.24% | -2.48% | -2.19% |
| 2005年2月2日 | -5.21% | 0.52% | 4.79% |
| 2005年3月22日 | -4.83% | -0.99% | -1.26% |
| 2005年5月3日 | -0.86% | -4.44% | -5.17% |
| 2005年6月30日 | 0.27% | -3.92% | -3.75% |
| 2005年8月9日 | 4.59% | 2.15% | -0.22% |
| 2005年9月20日 | 2.73% | -6.55% | -4.57% |
| 2005年11月3日 | 0.70% | -0.64% | 0.00% |
| 2005年12月14日 | 2.76% | 0.48% | 2.81% |
| 2006年1月31日 | 2% | 1.96% | 0.74% |
| 2006年3月29日 | 0.65% | 2.65% | 4.18% |
| 2006年5月11日 | 9.04% | 5.20% | 3.52% |
| 2006年6月30日 | 4.73% | 3.47% | -0.42% |
| 2015年12月16日 | 1.16% | 3.41% | 1.61% |

有机构认为，A股的下跌，已经部分消化了此次美联储加息对A股的影响。

事实上，回顾最近几次美联储加息周期A股的走势，我们可以发现一些规律——美国开始加息之后，A股都会先下跌后反弹，包括2015年年底至今的加息周期，A股中美国加息的次月（2016年1月）出现暴跌，然后慢慢反弹。

③汇率。在当代国际贸易迅速发展的潮流中,汇率对一国经济的影响越来越大,任何一国的经济在不同程度上都受到汇率变动的影响。汇率主要从以下几个方面影响证券价格。

a. 汇率上升,本币贬值,出口型公司因产品竞争力增强而受益,其证券价格上扬。相反,依赖于进口的公司成本增加,利润受损,证券价格下跌。汇率下降的情形与此相反。

b. 汇率上升,本币贬值,将导致资本流出本国,资本的流失将使得本国证券市场需求减少,从而市场价格下跌。汇率下降的情形与此相反。一般来讲,汇率变动对短期资本的流动影响较大,短期资本主要是在金融市场上做投机交易等。当一国汇率上升时,外国投机者为了避免损失,会竞相抛售拥有的该国金融资产,转兑外汇,而这种行为会进一步加剧该国汇率的上升,有可能会导致金融危机。

c. 汇率上升时为了维持汇率稳定,政府可能会动用外汇储备,抛售外汇,从而将减少本地货币的供应量,使得证券市场价格下跌,直到汇率回落恢复均衡,反面效应可能会使证券价格回升。如果政府利用债市与汇市联动操作达到既控制汇率的升势又不减少货币供应量,即抛售外汇,同时回购国债,将使国债市场价格上扬。

④通货膨胀。所谓通货膨胀是指一般物价水平的持续上涨。它是影响证券市场以及证券价格的一个重要的宏观经济因素,但它对大势的影响比较复杂。通货膨胀会对证券市场的影响体现在以下两个方面。

a. 适度的通货膨胀对证券市场有利,对证券价格有推动作用。通货膨胀的初始阶段,当通货膨胀率很低时,商品价格会出现缓慢上涨,且幅度不是很大。当物价上涨率大于借贷利率的上涨率时,产品价格上涨的幅度高于借贷成本的上涨幅度,于是公司利润上升,从而增加可分派股息。股息的增加会使证券更具有吸引力,于是,证券价格将上涨,还使得市场对证券的需求增加,促进证券市场的繁荣。

b. 过度的通货膨胀对证券市场产生负效应,证券价格水平将显著下降。当通货膨胀率较高且持续到一定阶段时,经济发展和物价的前景就不可捉摸,整个经济形势会变得很不稳定。一方面,公司很难开展正常的生产经营活动,特别是原材料价格上涨过快,致使生产成本大幅上升,公司既不可能通过技术改造和加强管理等措施进行内部消化,又难以全部转嫁给消费者,利润必然下降,甚至出现亏损。投资者因此会对证券投资失去信心,证券市场行情随时下滑。另一方面,政府会提高利率水平。政府往往不会长期容忍通货膨胀存在,必然会采取诸如控制和减少财政支出,实行紧缩货币政策的手段,这就会提高市场利率水平,从而使证券价格下降。此外,物价持续上涨,会引发证券投资者保障意识的增强,转投向保值性强的物品上,资金流出证券市场,使证券需求量降低,引起证券价格下跌。

⑤经济政策。商品经济条件下,市场对资源配置起着基础性的作用,但市场机制并非万能的,它还存在着许多缺陷,所以经济运行客观上要求作为宏观管理者的政府对市场进行调控与管理,以弥补或消除其缺陷。政府对经济的管理主要是通过制定并实施各种经济政策来进行的。针对不同的目标,政府可以采取不同的经济政策。

各种经济政策在具体实现手段上可以是各不相同的,例如,财政政策主要是通过运用政府开支与税收等工具来干预经济的运行,而货币政策则主要运用公开市场业务、调整再贴现率和存款准备金比率这三大工具来实现政策目标。

政府所采取的宏观经济政策,将对经济运行产生重大影响,自然也会涉及投资领域。投资是在整体经济大环境中进行的,当经济出现过热局面、总需求大于总供给时,政府必然会采取各种紧缩性政策抑制过度需求,如增加税收、紧缩银根、提高利率等,对投资者来说势必增大其筹措投资资金与投资物品的难度，降低其投资收益水平，因此，投资行为受到抑制。反之，经济不景气、总需求小于总供给时，政府的扩张性政策措施如增加政府支出、降低税率与利率、增加进口等，都将会刺激有效需求，投资者此时投资不仅易于筹措资本与投资品，还可降低投资成本，所以，投资需求将会增大。如果投资者能够及时预测政府针对不同经济运行态势所采取的政策措施，那么必可先发制人，提前做好各项准备工作；等到政策公布之后，可稳收厚利。因此，对投资者来说，经济政策分析就构成了宏观分析技术必不可少的一个环节。

政府经济政策的种类很多，其中对经济影响最大的主要有以下几种：财政政策、货币政策、价格政策与外贸政策。

a. 财政政策。财政政策是经济政策的重要组成部分，概括地说，它是政府财政行为的准则。政府财政行为主要是指政府财政收支行为，因此，财政政策就是政府管理财政收支的准则。一般来说，财政政策手段主要包括预算、税收、公债、财政支出等。

第一，预算。简单来讲，政府预算就是可供政府支配的钱。我们经常会听到有人说最近花钱太多，预算不够了，也就是钱不够了。政府作为全社会宏观经济的调节者，当社会总需求大于社会总供给时，可以通过实行国家预算收入大于预算支出的结余预算政策进行调节，预算结余可在一定程度上削减社会需求总量，也就是政府减少购买行为，减少总需求；反之，社会总需求小于社会总供给时，可以实行国家预算支出大于预算收入的赤字预算政策来扩大社会总需求，刺激生产和消费，也就是政府参与到消费中来，增加总需求。

第二，税收。税收是主要的财政政策手段，它具有强制性、无偿性、固定性特征，因而具有广泛、强烈的调节作用。通过调节税收总量和税收结构可以调节社会总供求，影响社会总供求的平衡关系；可以支持或限制某些产业的发展，调节产业结构，优化资源配置；可以调节各种收入，实现收入的公平分配。对股票投资最有影响力的税种是交易印花税以及可能给上市公司带来实质性好处的一些税收政策。现在重点对税收政策用以下案例进行说明。

### 案例

#### 股票印花税变化对股市的影响

印花税的调整，关系到投资者的交易成本，同时，投资者也认为上调或下调印花税率体现出了政府对待市场的一种态度，因此，历次印花税的调整对市场都带来了一定程度的影响。

表2-4为历年来股票印花税变化对股市的影响。

表2-4 历年来股票印花税变化对股市的影响

| 时间 | 证券交易印花税调整幅度 | 市场动态 |
| --- | --- | --- |
| 2008年4月24日 | 从3‰调整为1‰ | 沪市高开7.98%，涨9.29% |
| 2007年5月30日 | 从1‰调整为3‰ | 两市收盘跌幅均超6%，跌停个股达859家，12346亿元市值在一日蒸发 |
| 2005年1月23日 | 从2‰调整为1‰ | 沪市高开1.19%，涨1.73%，此后一个月内出现波段行情，随后继续探底，直至股改行情启动 |

续表

| 时间 | 证券交易印花税调整幅度 | 市场动态 |
|---|---|---|
| 2001年11月16日 | 从4‰调整为2‰ | 股市产生一波100多点的波段行情 |
| 1999年6月1日 | B股交易印花税降低为3‰ | 上证B指一个月内从38点升至62.5点，涨幅高达64% |
| 1998年6月12日 | 从5‰下调至4‰ | 沪市高开1.93%，涨2.65%，上证综指此后形成阶段性头部，调整近一年 |
| 1997年5月12日 | 从3‰上调至5‰ | 当天形成大牛市顶峰，此后股指下跌500点，跌幅达到30% |
| 1992年6月12日 | 按3‰税率缴纳印花税 | 当天指数无剧烈反应，一个月后从1100多点跌到300多点，跌幅超70% |
| 1991年10月 | 深市调至3‰，沪市开始双边征收3‰ | 大牛市行情启动，半年后上证指数从180点飙升至1429点，升幅近694% |

### 案例

#### 营改增税率公布对股市的影响

2016年3月24日，财政部、国家税务总局发布《关于全面推开营业税改征增值税试点的通知》及《营业税改征增值税试点实施办法》《营业税改征增值税试点有关事项的规定》《营业税改征增值税试点过渡政策的规定》《跨境应税行为适用增值税零税率和免税政策的规定》，全面规定了建筑业、房地产业、金融业、生活服务业四行业加入试点后的方案内容。综合《上海证券报》和《第一财经日报》等媒体消息，此次营改增对于个人二手房交易影响有限，对建筑行业以及房地产行业会有一定的短期冲击，对于金融行业而言，难点在于把庞大而复杂的产品和服务进行梳理归类，以及调整好企业的系统。

营改增试点2016年5月1日起全面展开，受消息影响，早盘地产股应声走高，板块大涨近2%，浙江广厦、西藏城投涨停，中航地产涨逾6%，新潮实业涨逾5%，滨江集团、世联行、福星股份涨逾4%，莱茵体育、万泽股份、深深房A、匹凸匹、亚通股份涨逾3%。

目前，券商、产险、寿险和信托的营业税金及附加占营收比例分别约为5%、6.5%、0.4%和5.5%，增值税率为6%且全抵扣，同时不考虑免税和股权投资等非应税情形，"营改增"或将增厚券商净利润约6.5%、增厚产险利润约60%、降低寿险利润约0.3%、增厚信托利润约2.8%。若考虑寿险免税情形，则利润亦将增厚。

第三，公债。公债是一种特殊的财政政策手段，有偿性是其根本特征。政府通过对公债发行数量与期限、公债利率等的调整，可以将一部分消费基金转化为积累基金，可以从宏观上掌握积累基金流向，调节产业结构和投资结构，可以调节资金供求和货币流通量，从而影响金融市场。

第四，财政支出。财政支出又可分为两个方面，即财政投资与财政补贴。财政投资的主要方向是各种新兴工业部门、基础工业部门与基础设施等,以促进产业结构的更新换代或消除经济发展的瓶颈制约。财政补贴主要包括价格补贴、投资补贴、利息补贴与生活补贴等,它具有与税收调节方向相反的调节作用,即增加补贴可以刺激生产与需求,而减少补贴则可以起到抑制生产与需求的作用。

> **案例** 中央财政补贴调整对家电产业的影响
>
>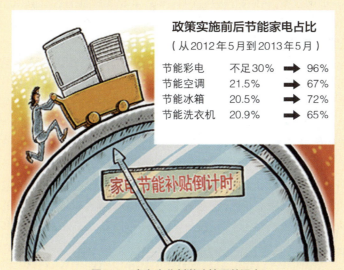
>
> 图2-3 家电产业刺激政策悉数退出
>
> 2013年5月29日,财政部、国家发展和改革委员会和工业和信息化部联合下发通知,从2013年6月1日起,消费者购买空调、平板电视、电冰箱、洗衣机、热水器等五类高效节能家电将不再享受中央财政补贴政策(见图2-3)。这也就意味着自2012年6月启动的、推广期为1年的节能家电补贴推广政策到期后停止执行。
>
> 多家家电企业称政策退出对生产和销售不会产生较大冲击,而新飞电器将"停工"的原因归结为"产业政策调整"。不过业内人士认为,新飞停工不具代表性,企业管理和运营问题才是其停工的症结所在。

财政政策种类繁多,为了全面认识财政政策,更好地研究、分析财政政策,应该对财政政策的分类有所了解。一般将财政政策划分为三种类型:扩张性财政政策、紧缩性财政政策和中性财政政策。

扩张性财政政策是指通过减少财政收入或扩大财政支出刺激社会总需求增长的政策。由于减少财政收入、扩大财政支出的结果往往表现为财政赤字,因此,扩张性财政政策亦称赤字财政政策。在20世纪30年代经济危机以前,经济学家都强调预算平衡的重要性,把年度预算的平衡视为财政是否健全的标志。30年代经济大萧条之后,许多国家通过大量增加财政支出以恢复经济,使得财政赤字逐渐取得合法地位,赤字财政政策亦成为一些国家经济政策的重要内容。

紧缩性财政政策是指通过增加财政收入或减少财政支出以抑制社会总需求增长的政策。由于增加财政收入、减少财政支出的结果往往表现为财政结余，因此，紧缩性财政政策也称盈余性财政政策。紧缩性财政政策是作为反通货膨胀的对策出现的。由于一些国家实行赤字财政政策，造成巨额财政赤字，推动了通货膨胀。为了避免通货膨胀对国民经济的破坏性影响，一些国家开始实行紧缩性财政政策，力图通过缩小财政赤字来缓和通货膨胀及其对国民经济的冲击。

中性财政政策是指通过保持财政收支平衡以实现社会总供求平衡的财政政策。这里所讲的财政收支平衡，不应局限于年度预算的平衡，而是从整个经济周期来考察财政收支的平衡。

b. 货币政策。货币政策是国家宏观经济政策的重要组成部分，也是为促进经济稳定发展服务的。它是指中央银行利用自己所掌握的利率、汇率、信贷、货币发行、外汇管理等工具，调节有关变量，最终影响整个国民经济活动的一种政策手段。

货币政策对经济运行的调控是一种间接调控，它不能直接作用于实际经济活动，必须经由一定的中间目标才能实现其最终目标。因此，必须选取一定的中间目标作为货币政策的直接调节目的。目前，各国提出的较有影响力的中间目标有利率、货币供给量、贷款总额、货币基数、股票价格等，但是，能够被普遍认可的只有利率、货币供给量、贷款总额等三项。为了实现货币政策的中间目标，并最终实现货币政策的终极目标，中央银行（以下简称"央行"）必须采取适当的货币政策工具来实施货币政策。从理论上讲，央行提高利率后，投资者愿意将资金从股市取出存进银行，以获得更高的利息收益，而且风险极小；反之，降低利率后，由于投资者把钱存在银行收益降低，便更愿意寻求收益更高的投资品种，比如股票。表2-5是央行历次降息后股市走势一览表，可以看出，股市涨跌和利率变化基本负相关。

表2-5 历次降息后股市走势一览表

| 调整时间 | 存款/% | 贷款 | 次日沪指表现/% |
|---|---|---|---|
| 2015年8月25日 | −0.25 | −0.25 | −1.27 |
| 2015年6月27日 | −0.25 | −0.25 | — |
| 2015年5月10日 | −0.25 | −0.25 | 3.05 |
| 2015年2月28日 | −0.25 | −0.25 | 0.78 |
| 2014年11月22日 | −0.25 | −0.4 | 1.85 |
| 2012年7月6日 | −0.25 | −0.25 | 1.01 |
| 2012年6月8日 | −0.25 | −0.25 | 1.07 |
| 2011年7月6日 | 0.25 | 0.25 | −0.58 |
| 2011年4月5日 | 0.25 | 0.25 | 1.14 |
| 2011年2月9日 | 0.25 | 0.25 | −0.89 |
| 2010年12月25日 | 0.25 | 0.25 | −1.90 |
| 2010年10月19日 | 0.25 | 0.25 | 2.10 |

利率与股价运动呈反向变化是一般情况，但不能将此绝对化。在股市发展的历史上，也

有一些相对特殊的情形。当形势看好时，股票行情暴涨的时候，利率的调整对股价的控制作用就不会很大。同样，当股市处于暴跌的时候，即使出现利率下降的调整政策，也可能会使股价回升乏力。美国在1978年就曾出现过利率和股票价格同时上涨的情形。当时出现这种异常现象主要有两个原因：一是许多金融机构对美国政府当时维持美元在世界上的地位和控制通货膨胀的能力没有信心；二是当时股票价格已经下降到极低点，远远偏离了股票的实际价格，从而使大量的外国资金流向了美国股市，引起了股票价格上涨。在香港地区，1981年也曾出现过同样的情形。当然，这种利率和股票价格同时上涨和同时回落的现象至今为止也还是比较少见的。

既然利率与股价运动呈反向变化是一种一般情形，那么投资者就应该密切关注利率的升降，并对利率的走向进行必要的预测，以便在利率变动之前，抢先一步对股票买卖进行决策。

其他对股市会产生较大影响的货币政策工具包括再贴现率、公开市场业务和法定准备金比率。

第一，再贴现是指一般银行在缺少资金时，以其对顾客贴现而持有的票据请求央行给予再贴现，以取得资金。而再贴现率是中央银行对一般银行的再贴现收取的利率。当出现通货膨胀压力的时候，央行就提高再贴现率，这使商业银行因借贷成本提高而缩小准备金和放款规模，从而使价格得以稳定或者回落；反之，央行也可以降低再贴现率，而使商业银行以及工商企业增加借贷，增加总需求。所以，央行如果提高再贴现率，则理解为"紧"的货币政策，社会上可供流通的货币量会减少，对股市不利；若为"松"的货币政策，利好股市。

第二，公开市场业务是指中央银行在货币市场上的证券（特别是短期国库券）买卖活动。当整个市场价格水平上升，需要加以抑制的时候，央行就卖出证券，使得商业银行的准备金下降，贷款规模缩小，从而使投资以及物价总水平的上升得到控制或逆转。当经济呈现萧条迹象时，央行就买进证券，使商业银行的准备金增加，信贷规模扩大，从而使投资需求和收入水平上升。从理论上讲，前者利空股市，而后者利好股市。由于央行通过这种办法控制银行准备金非常准确、有效，所以，公开市场业务在西方国家被当作最重要的货币政策工具。

第三，法定准备金比率（也称存款准备金率）是商业银行存放在央行或金库中的准备金占全部存款的法定比率。央行通过提高这个比率，使货币乘数变化，从而通过影响货币存量而对整个经济产生作用。由于它直接影响到各商业银行利润，因而效果非常猛烈，一般情况下不常使用。现实中，由于影响股市的因素非常多且非常复杂，法定准备金比率的升降并不一定完全和股市走势负相关。从表2-6中可以看出，深市对法定准备金比率更加敏感一些，而沪市的走势和法定准备金比率的升降相关性不大。

表2-6 历次降准后股市走势一览表

| 公布时间 | 大型金融机构 | | | 次日涨幅 | |
|---|---|---|---|---|---|
| | 调整前 | 调整后 | 调整幅度 | 上证 | 深证 |
| 2015年10月23日 | 18.00% | 17.50% | -0.50 | 涨0.5% | 涨0.73% |
| 2015年8月25日 | 18.50% | 18.00% | -0.50 | 跌1.27% | 跌2.92% |
| 2015年4月9日 | 19.50% | 18.50% | -1.00 | 跌1.64% | 跌1.96% |
| 2015年2月4日 | 20% | 19.50% | -0.50 | 跌1.18% | 跌0.46% |

续表

| 公布时间 | 大型金融机构 | | | 次日涨幅 | |
|---|---|---|---|---|---|
| | 调整前 | 调整后 | 调整幅度 | 上证 | 深证 |
| 2012年5月12日 | 20.50% | 20% | −0.50 | 跌0.59% | 跌1.16% |
| 2012年2月18日 | 21% | 20.50% | −0.50 | 涨0.27% | 涨0.01% |
| 2011年11月30日 | 21.50% | 21% | −0.50 | 涨2.29% | 涨2.32% |
| 2011年6月14日 | 21% | 21.50% | 0.5 | 跌0.9% | 跌0.99% |
| 2011年5月12日 | 20.50% | 21% | 0.5 | 涨0.95% | 涨0.70% |
| 2011年4月17日 | 20% | 20.50% | 0.5 | 涨0.22% | 涨0.27% |
| 2011年3月18日 | 19.50% | 20% | 0.5 | 涨0.08% | 涨0.62% |
| 2011年2月8日 | 19% | 19.50% | 0.5 | 涨1.12% | 涨2.06% |
| 2011年1月14日 | 18.50% | 19% | 0.5 | 跌3.03% | 跌4.55% |
| 2010年12月10日 | 18.00% | 18.50% | 0.5 | 涨2.88% | 涨3.57% |
| 2010年11月19日 | 17.50% | 18.00% | 0.5 | 跌0.15% | 跌0.06% |
| 2010年11月10日 | 17% | 17.50% | 0.5 | 涨1.04% | 跌0.15% |
| 2010年5月2日 | 16.50% | 17% | 0.5 | 跌1.23% | 跌1.81% |
| 2010年2月12日 | 16% | 16.50% | 0.5 | 跌0.49% | 跌0.74% |
| 2010年1月12日 | 15.50% | 16% | 0.5 | 跌3.09% | 跌2.73% |

c. 财政政策与货币政策的配合方式。财政政策与货币政策是宏观经济政策中最重要的两个部分，对于其他经济政策的实施具有基础性作用，因此，下面特别介绍以下常见的几种财政政策与货币政策的配合方式。

第一，"紧"的财政政策与货币政策。双"紧"政策通常在总需求大于总供给、通货膨胀压力大时采用。"紧"的财政政策的措施主要是增加税收、压缩支出，"紧"的货币政策的措施是提高利率、减少贷款。此种结合方式的积极效应是可以强烈地抑制总需求，控制通货膨胀；其消极效应是容易造成经济萎缩，对股市不利。

第二，"松"的财政政策与货币政策。双"松"的搭配通常是在总需求远小于总供给、经济严重萧条的情况下采取的对策，即财政政策的主要措施是减少税收、增加支出，货币政策是同时增加贷款投放、降低再贴现率等。其积极效应是可以强烈地刺激投资，促进经济增长，促进股市上涨；消极效应往往是产生财政赤字、信用膨胀并诱发通货膨胀。

第三，"松""紧"搭配的财政政策与货币政策。"松""紧"搭配的财政、货币政策是在经济调控中最常用的调节方式。如何搭配二者的"松""紧"则取决于客观经济状况。例如，当经济生活中出现货币发行过多但还未演变为通货膨胀时，为了经济的稳定发展，不应急于收紧银根、回笼货币，而应采取增加财政收入、紧缩财政支出的对策，即选择"松"的货币政策与"紧"的财政政策搭配；而当通货膨胀成为经济发展中的主要矛盾时，就应采取紧缩银根、回笼货币的"紧"的货币政策与扩大支出、减少收入的"松"的财政政策，以压缩需求，增加供给，使经济增长能保持一定的稳定性，对股市也能起到稳定的作用。

除了财政政策和货币政策，宏观经济政策还包括价格政策和对外经济贸易管理，所涉及的内容很多，限于篇幅问题，无法一一讲述。一般情况下，财政政策和货币政策是最重要的也是运用最普遍，且最容易对股市产生影响的政策。普通投资者可根据自身条件选择学习。

由于各项经济政策的政策目标都是多元的，其效应必定也是多元的。另外，政策效应不仅包括经济效应，往往还包括了一定的社会效应。因此，以上政策是否会对股市产生比较大的影响，必须从多方面、从整体上进行评价，只有这样才可能对某一政策实施所造成的后果有全面、准确的认识。不同的投资者由于其所处地位、环境、自身实力等有差异，出发点往往各不相同，如果全凭主观判断，很可能对同一现象得出截然不同的结论，显然不利于发现真实的客观状况。因此，评价政策效应必须依据一定的客观标准，尽量让数字与资料来说话。

**2. 行业分析**

就证券投资分析而言，行业分析是介于宏观和微观之间的重要的经济因素。所谓行业，一般是指按生产同类产品或具有相同工艺过程或提供同类劳务划分的经济活动类别。在国民经济中，一些行业的增长率高于国民生产总值的增长率，还有一些行业的增长率则低于国民生产总值的增长率。而在一般情况下，某一企业产值的增长率与其行业产值的增长率是基本一致的。

可以说，在宏观大环境基本稳定的前提下，如果选择对了行业，那么投资行为就成功了一半。鉴于这种情况，投资者在投资过程中，就需要对行业进行全面有效的分析。通常，在行业分析中，主要分析行业的市场类型、生命周期和影响行业发展的有关因素。通过分析，可以了解到处于不同市场类型和生命周期不同阶段上的行业产品生产、竞争状态以及盈利能力等方面信息，从而有利于正确地选择适当的行业进行有效的投资。

（1）行业分类

世界上大多数证券交易所，都要对在其交易所内上市的公司以行业标志进行划分，以编制交易所的股票价格指数。不同的证券交易所对上市公司分类也不尽相同。

①道·琼斯分类法。道·琼斯分类法是指在19世纪末为选取在纽约证券交易所上市的有代表性的股票而对各公司进行的分类，它是证券指数统计中最常用的分类法之一。按照道·琼斯分类法将大多数股票分为工业、运输业和公用事业三类。

②恒生指数分类法。恒生指数，由香港恒生银行全资附属的恒生指数服务有限公司编制，是以香港股票市场中的50家上市股票为成分股样本，以其发行量为权数的加权平均股价指数，是反映香港股市价幅趋势最有影响力的一种股价指数。

③上证指数分类法。按照上海证券交易所编制的沪市成分指数，对沪市上市公司采取的分类法。上证指数分类法将股票分为五类，即工业、商业、地产业、公用事业和综合类。

④深证指数分类法。按照深圳证券交易所编制的深市成分指数，对深市上市公司采取的分类法。深证指数分类法将股票分为六类，即工业、商业、地产业、金融业、公用事业和综合类。

表2-7为中国证监会（CSRC）对上市公司行业的分类。

**表2-7 CSRC对上市公司行业分类**

| 行业名称 | 行业代码 | 交易股票数/只 | 市价总值/元 | 平均市盈率% | 平均价格/元 |
|---|---|---|---|---|---|
| 农、林、牧、渔业 | A | 15 | 101981597964 | 61.43 | 7.16 |
| 采矿业 | B | 49 | 3307335161149 | 38.37 | 7.87 |

续表

| 行业名称 | 行业代码 | 交易股票数/只 | 市价总值/元 | 平均市盈率% | 平均价格/元 |
|---|---|---|---|---|---|
| 制造业 | C | 748 | 10108178352934 | 31.82 | 11.95 |
| 电力、热力、燃气及水生产和供应业 | D | 62 | 1429958336867 | 18.87 | 7.35 |
| 建筑业 | E | 47 | 1461274532558 | 15.8 | 9.46 |
| 批发和零售业 | F | 96 | 1043738068680 | 30.47 | 10.63 |
| 交通运输、仓储和邮政业 | G | 69 | 1550893622436 | 23.17 | 7.06 |
| 住宿和餐饮业 | H | 4 | 49896721560 | 52.87 | 24.06 |
| 信息传输、软件和信息技术服务业 | I | 52 | 746424786758 | 47.22 | 11.71 |
| 金融业 | J | 53 | 9487171830415 | 9.51 | 7.73 |
| 房地产业 | K | 75 | 1191710777776 | 15.33 | 9.21 |
| 租赁和商务服务业 | L | 16 | 201371571477 | 35.61 | 13.24 |
| 科学研究和技术服务业 | M | 13 | 78962429535 | 50.45 | 16.89 |
| 水利、环境和公共设施管理业 | N | 17 | 112497729976 | 49.28 | 19.54 |
| 居民服务、修理和其他服务业 | O | 0 | 0 | — | — |
| 教育 | P | 2 | 20022004881 | 46.69 | 28.34 |
| 卫生和社会工作 | Q | 2 | 14372317535 | 54.04 | 12.08 |
| 文化、体育和娱乐业 | R | 22 | 321319018495 | 29.34 | 14.09 |
| 综合 | S | 15 | 134806911161 | 57.21 | 7.95 |

关于对上市公司行业更细致的分类，请参照本书最后的附录《上市公司行业分类指引》。

（2）行业特征分析

在生活中，我们可以观察到，某些企业或某些行业的员工福利待遇往往要好于别的企业或行业。据报道，广东电力系统抄表工年薪15万元、浙江某烟草公司中层年薪达30万元，尽管国际油价下跌，中石油系统员工酬金成本仍增长三成多，达54亿元。电力企业的一般员工年薪为8万到10万元，中层干部年薪20万元以上，工资以外还有很多隐性收入，比如电话费、交通费、招待费和午餐费等，总额可能与工资差不多。某些企业的福利待遇好，说明企业盈利好。这种现象与行业的市场结构有关。市场结构取决于行业中厂商的数量、产品的属性、价格的控制程度等因素。

根据这些因素的特征，可以将行业划分成四种市场结构：完全竞争、不完全竞争或垄断竞争、寡头独占、垄断，其类型特征见表2-8。

表2-8 行业市场类型特征

| 市场类型 | 完全竞争 | 不完全竞争 | 寡头垄断 | 完全垄断 |
|---|---|---|---|---|
| 厂商数量 | 很多 | 较多 | 很少 | 一家 |
| 产品差异性 | 同质 | 有差异 | 有差异或无差异 | 独特 |
| 价格控制力 | 无 | 较小 | 较大 | 相当大 |

续表

| 市场类型 | 完全竞争 | 不完全竞争 | 寡头垄断 | 完全垄断 |
|---|---|---|---|---|
| 行业壁垒 | 无 | 较小 | 很大 | 绝对大 |
| 非价格竞争 | 无 | 有 | 有 | 只要为公关宣传 |
| 超额利润 | 短期、长期均无 | 短期有、长期无 | 短期、长期一般有 | 短期、长期均有 |
| 典型行业 | 农产品 | 轻工业 | 重工业 | 公用事业 |

①完全竞争。通常是指下列条件占主导地位的市场状况，即市场上存在大量的具有合理性的经济行为的卖者和买者。产品是同质的，可互相替代而无差别化；生产要素在产业间可自由流动，不存在进入或退出障碍；卖者或买者对市场都不具有某种支配力或特权；卖者和或买者之间不存在共谋、暗中配合行为；卖者和买者具有充分掌握市场信息的能力和条件，不存在不确定性。但股票价格受此影响波动也较大，投资风险相应提高。农产品或餐饮业比较接近完全竞争市场类型。我国餐饮企业中的上市公司有全聚德（002186）、湘鄂情（现改名中科云网）（002306）、西安饮食（000721）等，小盘股居多。

现以全聚德和中国石油的股价走势为例，说明处在不同行业的股票价格走势的区别。图2-4是全聚德的周K线，图2-5是中国石油的周K线，时间周期都是2016年1月8日至2017年7月21日。可以明显看出，全聚德的股价波动程度明显高于中国石油。

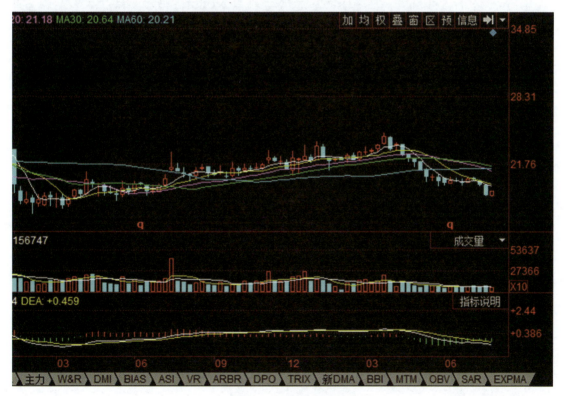

图2-4　全聚德周K线图

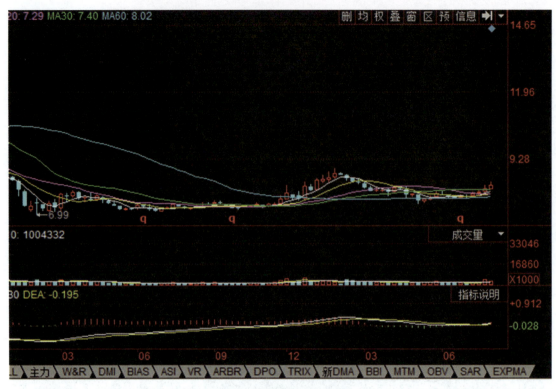

图2-5 中国石油周K线图

**名称解释：**

大盘股：一般情况下指市值总额达50亿元以上的大公司所发行的股票。大盘股公司通常为造船、钢铁、石化类公司。大盘股没有统一的标准，一般约定俗成指股本比较大的股票。

小盘股：与大盘股相对的是小盘股，是指发行在外的流通股份数额较小的上市公司的股票。我国现阶段一般不超过1亿股流通股票都可视为小盘股。

②不完全竞争。不完全竞争是指许多生产者生产同种但不同质产品的市场情形。其市场特点是公司数量仍然很多，虽然各公司生产的产品具有统一性特征，但在质量、服务、特性以及由此产生的品牌上存在一定程度的差异。因而，该行业各公司的产品价格在市场评论价格的基础上也存在一定程度的差异，公司利润也因此受到产品品牌、质量、服务特性等因素的相应影响，比如家电、食品、饮料、纺织等轻工业企业。这一特征也决定了这类行业公司的分化较大。那些生产规模大、质量好、服务优、品牌知名度高的公司在同行业中具有较强的竞争能力，受此影响，其经营业绩一般较好且相对稳定，投资风险相对较小。

> 案例
>
> **明晟公司宣布将A股纳入MSCI新兴市场指数**
>
> 北京时间2017年6月21日凌晨4时30分，A股第四次闯关MSCI指数答案揭晓。明晟公司宣布将A股纳入MSCI新兴市场指数。主流机构指出，纳入成功，市场情绪面要大

于资金面，将利好优质大盘蓝筹股。但回顾韩国和中国台湾股市的纳入历史，纳入MSCI指数对股指的上涨无明显刺激，基本面仍是主导因素。

明晟中国A股指数成分股中包含的家电、食品饮料上市公司有贵州茅台、美的集团、五粮液、海天味业、青岛海尔、双汇发展、老板电器等，都是大家所熟知的行业中的龙头企业。这些上市公司所在的行业正是不完全竞争行业。

③寡头垄断。寡头垄断又称寡头、寡占，是一种由少数卖方（寡头）主导市场的市场状态。寡头垄断是同时包含垄断因素和竞争因素而更接近于完全垄断的一种市场结构。它的显著特点是少数几家厂商垄断了某一行业的市场，这些厂商的产量在全行业总产量中占有很高的比例，从而控制着该行业的产品供给，如钢铁、水泥、石油、汽车、航空、移动通信、银行等行业。市场上一个行业中只有两个企业相互竞争的情况是寡头垄断中的一种特殊情况，称为双占垄断或双头垄断。一般为资金密集型和技术密集型企业，往往由于资金、技术等因素限制了新公司的进入，因而，个别公司对其产品价格有较强的控制力。

## 案例

### 两个航空公司经理的通话

下面是一段20世纪80年代两个航空公司经理之间的电话谈话。1983年2月24日的《纽约时报》报道了这段电话交谈内容。罗伯特·克兰达尔（Robert Crandall）是美洲航空公司总裁，霍华德·帕特南（Howard Putnam）是布拉尼夫航空公司总裁。

克兰达尔：我觉得我们像基督说的罪过一样，在这里拼个你死我活，但一分钱也没赚到，是很愚蠢的。

帕特南：你有什么高见吗？

克兰达尔：有，我有个建议。你的机票价提高20%，明天一早我也提高我的机票价。

帕特南：罗伯特，我们……

克兰达尔：你能赚更多的钱，我也是。

帕特南：我们不能谈定价问题！

克兰达尔：啊，霍华德。我们想谈什么就能谈什么。

美国《反托拉斯法》禁止相互竞争的企业经理谈固定价格问题。当帕特南把录音带交给司法部时，司法部立即起诉了克兰达尔。寡头市场上企业有勾结起来以便减少产量、提高价格和增加利润的强烈欲望。亚当·斯密已经认识到这种潜在的市场失灵。在《国富论》中他写道："同业者集会的结果是对付工人的合谋，或者某种提高价格的计谋。"

④完全垄断。完全垄断是指整个行业的市场完全处于一家公司控制的状态，其市场特点是该行业为独家公司生产经营，产品价格与市场也为独家公司所控制。这类行业主要是公用事业，如电力、煤气、自来水公司，其产品为社会生产、人民生活不可缺少，但又高度垄断。

政府为稳定社会生产与人民生活，通常对其价格的确定及变动有较为严格的控制。此类上市公司比如国家电网控股的国电南自（600268）、国电南瑞（600406），一般不会出现破产的风险。

行业的这种分类，对投资者的指导意义在于，对于缺乏实战经验的投资者，可以尽量选择寡头垄断或完全垄断行业的上市公司，一是不存在破产倒闭的风险，二是盈利比较稳定，股价波动也相对较小。

还有一种是按生命周期对行业进行分类，可以分为初创期、成长期、成熟期和衰退期，其特征见表2-9。

表2-9 行业生命周期特征

| 项目 | 初创期 | 成长期 | 成熟期 | 衰退期 |
| --- | --- | --- | --- | --- |
| 公司数量 | 少 | 增加 | 减少 | 少 |
| 利润 | 逐步提高 | 增加 | 高→下降 | 减少→亏损 |
| 风险 | 高 | 高 | 降低 | 低 |
| 股价 | 变动大 | 不断上升 | 开始下降 | 较低 |

①初创期。在行业初创期，由于新技术刚刚出现，产品的研究开发费用和公司创设成本较高，加之新产品鲜为人知，市场需求不大。为了提高知名度，公司又必须在产品的开发研究与宣传上进行大量投入，因而公司不但没有盈利反而普遍亏损。另外，该行业的发展前景此时也难以断定。因此，在初创期投资于公司的证券将面临较大的风险。但是，高风险也孕育着高收益。由于初创期风险很大，公司发行的证券价格普遍偏低，此时投资，一旦该行业出现良好的发展前景，其证券价格必然大幅上涨，使投资者获得十分丰厚的收益。我国的创业板主要是为新兴的中小企业提供融资的平台，在创业板上市的企业大都处于行业的初创期，盈利并不稳定，所以股价波动也明显大于主板。如果投资者不是短线高手，还是不做创业板为好。创业板的相关板块主要包括：一是金融与互联网相交叉形成的一系列板块，互联网、互联金融、电商、阿里、网贷等，都是这个主题。二是"智能"，例如无人驾驶、汽车电子、智能电网（还有带智能的医疗、交通、机器、家居等）、全息、国产软件、虚拟现实等。三是新能源相关，例如充电桩、地热熊、节能等。

**小常识：创业板开户条件**

（1）具有两年以上（含两年）股票交易经验的自然人投资者可以申请开通创业板市场交易。具体办理方法为：投资者向所属证券公司营业部提出开通申请后，认真阅读并现场签署《创业板市场投资风险揭示书》，上述文件签署两个交易日后，经证券公司完成相关核查程序，即可开通创业板市场交易。

（2）对未具备两年交易经验的投资者，原则上不鼓励直接参与创业板市场交易。投资者可以通过购买创业板投资基金、理财产品等方式间接参与。如果投资者审慎评估了自身风险承担能力坚持要申请，则必须在营业部现场按要求签署《创业板市场投资风险揭示书》，并就自愿承担市场风险抄录"特别声明"。在上述文件签署五个交易日后，经证券公司完成相关核查程序并经过营业部负责人签字核准后，投资者可开通创业板市场交易。

②成长期。行业的产品经过一定时间的广告宣传和市场检验，逐渐为用户所认知，市场

需求逐步扩大，新行业便逐步进入成长期。在这一阶段，由于市场需求逐步扩大，公司的生产规模相应扩大，加之生产技术和经营管理水平的逐渐提高，公司的生产成本迅速下降，公司盈利迅猛增加。正因为如此，会吸引大量公司进入该行业，使得公司之间的竞争日趋激烈，破产率和兼并率相应提高。在成长期，整个行业的风险在降低，而每个公司的风险却在增加。若投资者此时投资此类证券，尽管也需要承担一定的风险，但由于公司的盈利状况较好，所以，投资回报也较高。初创期的行业，经过一段时间的发展，只要没被市场淘汰，大都进入了成长期。比如互联网金融从最开始的行业初创期，已开始慢慢进入成长期。

③成熟期。在激烈的市场竞争中，许多财力不济、技术力量较弱、经营不善的公司纷纷倒闭或被兼并，最后形成几家实力雄厚、经营效率高且竞争力强大的公司分割市场的局面，行业进入了稳定发展的时期。公司的销售、利润持续增长，并且多高于国民经济的增长水平，此时，其他公司要进入市场难度相当大。此类行业的股票多为绩优股，若投资者投资于此类股票，承担的风险相对较低，并且投资回报较为丰厚。我国处于成熟期的行业包括家电、汽车制造、钢铁、煤炭、房地产等。

④衰退期。随着消费水平的提高、核心技术的出现等因素的影响，社会对该行业的需求日益减少，公司产品的销售量开始下降，利润减少，社会资金开始向其他新兴行业转移，该行业进入了衰退期。投资者若投资此类证券，尽管风险并不大，但由于其收益的减少，也不会获得较丰厚的回报，如传统商业、纺织等。

最后一种行业的分类是和经济景气度有关。

①增长型行业。增长型行业的运动状态与经济周期无太大关系，该行业收入增加的速率并不会总随着经济周期的变动而出现同步变动，因为这种行业主要依靠技术进步、新产品推出和更优质的服务，从而使其经常呈现出增长状态。例如医药、食品、软件、电子等，历史证明这些行业相对周期的波动较小。当经济周期开始进入下降阶段时，在适当的价位投资增长性行业，可能使投资者的资金保值。但由于这种行业的股票价格不会随着经济周期的变化而变化，所以投资者难以把握精确的购买时机。

②周期性行业。周期性行业的运动状态直接与经济周期相关。当经济上升时，这些行业会紧随其扩张；当经济衰退时，这些行业也相应跌落。高档次消费品生产行业以及其他随着经济的改善需求相应增加从而使公司收入也增加的行业，均属于周期性行业。汽车、钢铁、房地产、有色金属、石油化工属于典型的周期性行业，其他周期性行业还包括电力、煤炭、机械、造船、水泥等。对于能够把握经济周期变化的投资者而言，可选周期性行业作为投资对象。

③保守型行业。保守型行业，又称防守型行业、防御性行业。这些行业的产品需求相对稳定，不受经济周期处于衰退阶段的影响，如食品业和公共事业，其产品的需求收入弹性较小，公司的收入相对稳定。对于难以把握经济周期变动趋势的投资者而言，选择保守型行业作为投资对象风险较小。

以上这几种行业的分类以及在各种行业下的投资思路，并不是完全独立的，而是需要根据实际情况交叉运用。同时，每个行业都处在一定的环境之下，不可避免地会受到外部环境的制约和影响，诸如政策法规、技术进步都会影响到行业的发展。投资者需综合考虑，尤其对国家出台的产业政策更要留心，这往往是导致某一行业股价大涨或大跌的重要因素。

> **案例**
>
>
>
> ### "双创"促创业板大涨
>
> 2017年7月27日，在低估值股票朗玛信息和国家队买入的昆仑万维带领下，创业板扛起了上涨大旗，指数涨幅达3.62%，创下2017年以来最大单日涨幅，超过20只创业板股票涨停。
>
> **原因一："双创"再次高调提出**
>
> 7月27日收盘后，国务院印发了《关于强化实施创新驱动发展战略进一步推进大众创业万众创新深入发展的意见》（下称《意见》）。《意见》指出：大众创业、万众创新深入发展是实施创新驱动发展战略的重要载体。"双创"再一次高调提出，中央发声对"双创"工作肯定，并对下一步"双创"工作提出指引，这一系列表述，是对创业创新、科技成长的极大肯定。从政策对风险偏好影响的角度来看，"双创"再提是创业板热度再燃的最核心动力。
>
> **原因二：证金公司首次买入创业板**
>
> 2017年二季度，被称为"亲妈"、国家队的证金公司第一次出现在创业板上。
>
> 根据上市公司二季报数据，截至7月27日，有三家创业板公司被证金公司看上，分别是华策影视、昆仑万维、苏交科。这是证金公司第一次重仓买入创业板股票，且成为前十大股东。
>
> **名词解释：**
>
> 国家队：指政府旗下的机构，如中金公司、中投公司和中央汇金。中金公司是中国第一家中外合资投资银行，也就是所说的券商。中央汇金是中金公司的大股东，中投公司是中央汇金的母公司。

投资者选好了行业，就要在行业里挑选公司了。同一个行业里的不同公司，有可能在公司规模、经营理念、成本控制、盈利能力等方面存在很大差别。这就需要投资者从方方面面去认真分析研究。

### 3. 公司分析

（1）基本素质分析

①公司竞争地位分析

a. 技术水平。一个公司所拥有的技术水平、配备的技术设备状况决定了该公司所采用的生产手段、管理方法的先进程度，在一定程度上决定了公司的竞争实力。采用先进技术可以提高公司的劳动生产率并降低产品成本，同时迅速掌握先进技术，则意味着拥有新产品、新市场开发的主动权，可以提高公司的市场开发能力。一般行业里的知名企业都是因为能不断开发出新技术而成为行业领头羊。不过对于普通投资者而言，很难获知某家公司的新技术开发状况。

b. 市场占有率和销售额增长率。一个公司在同行业中的竞争地位可用市场占有率和销售额增长率等指标来衡量。市场占有率反映的是一个公司占据市场份额的比例。市场占有率越高，公司对市场的影响越大，公司的竞争力越强。市场占有率反映了同行业内各个公司的相对竞争力。市场占有率虽是判断竞争地位的重要指标，但它只是说明了当前的状况，并没有涉及未来趋势。利用销售额增长率可以弥补这个缺陷，销售额增长率高于平均水平，说明公司市场占有率会逐步提高，竞争地位将不断巩固。销售额增长率低于平均水平，说明竞争力在下降，有可能失去原有的优势地位。上市公司的以上资料可以通过查阅相同行业的公司招股说明书及一些调查公司、行业协会公布的排名进行比较。

c. 资本规模。对于一个特定的公司而言，其所拥有的资本数量总是有限的，公司资本规模制约着公司的市场竞争能力。首先，资本的规模制约着公司进入市场的能力。受行业技术的要求，以及行业自身发展的特点限制，不同行业对公司进入的最低资本拥有量的要求不尽相同，低于该行业最低资本拥有量的公司一般难以进入该行业所对应的市场。其次，资本的规模制约着公司发展的状况。对行业内的公司而言，所拥有的和控制的资本数量大小决定着公司经营发展规模的大小与速度。在其他条件相同的情况下，公司经营规模越大，其单位产品所摊得的固定成本份额越小，单位产品成本越低，如果按同一价格销售，所获得的利润也就越多，公司在市场上处于较为有利的竞争地位。而资本规模小的公司，其单位成本一般高于规模大的公司，在市场竞争中难以发挥规模经济的效应，因而处在不利的竞争地位。再次，这种规模制约着公司市场风险的承受能力。一般而言，资本规模大、结构好的公司，对市场风险的承受能力较强，资本规模小、结构差的公司对市场风险的承受能力较弱。但对一些加速衰老的行业来说，资本规模大的公司，退出已萧条的行业，进入新的市场的成本和难度常常大于资产规模较小的公司。这时，面临的市场风险反而高的资产规模较大的公司出现"船大调头难"的现象。上市公司的资本规模可以查阅交易软件或公司网站公布的注册资本。

d. 新产品开发及项目储备。类似于行业的周期，任何产品都有其发展周期。推出一种新产品都要经历投入期、成长期、成熟期和衰退期四个阶段。在科学技术发展日新月异的今天，产品更新的速度越来越快。只有不断进行产品开发、技术改造，才能立于不败之地。因此，公司应实行阶梯式的产品经营战略，即生产一批、储备一批、实验一批、研究一批，同样，公司的项目在投资上也应采用可持续发展的战略，即一些项目已投产并产生效益，一些项目正在建设，一些项目正在规划，这样才能保证公司具有连续的获利能力。投资者可持续关注公司网站的通告，以了解新产品开发及项目储备相关情况。

②公司经营管理能力分析。在激烈的市场竞争中，一个公司的经营管理水平决定该公司组织、使用各种资源以捕捉市场机会、适应环境变化的效率和能力。如果一个公司不能依据外部条件变化而及时高效地组织和使用各种管理资源去适应这种变化，这个公司将不可能获得较高收益，甚至会被市场竞争所淘汰。因此，对投资者来说，分析公司的经营管理水平是至关重要的。经营管理分析可以从以下几个方面展开。

a. 公司管理人员的素质分析。公司管理人员可以分为高层决策管理人员、职能管理人员和第一线基层管理人员。其中以董事长、总经理为首的高层决策管理人员即经营者在公司经营管理活动中起主导和决定性的作用。他们是公司的神经中枢，负责公司一切重大经营管理事项的决策，他们的素质是公司经营效益的重要保证。公司经营者的素质主要反映在经营者个人所具有的品德、能力、学识、修养和领导艺术方面。处于不同发展阶段的公司对于经营者的素质要求有不同的侧重。一个成长型公司需要具有创造性思维能力、开拓精神和号召力强的领导，一个经营稳定、防御型公司，例如公用事业的公司需要稳健、讲究效率的经营者，一个周期型的公司则需要能够明察秋毫、随机应变、精明灵活的经营者。

b. 公司经营效率分析。评价公司的管理水平，最终还要衡量经营管理的效率，即考察公司的生产能力或经营能力的利用程度。公司现有的厂房、设备、人员和资金等资源的利用率越高，说明公司的管理水平越高。衡量经营管理效率的指标有很多，除了净资产收益率之外，还有投入产出比例、公司人均产值、设备能力的利用率等。上述指标值越大，公司的经营效率越高。

同样，这部分内容对于普通投资者来讲很难获悉。一般一些较大规模的金融投资机构，有专门研究上市公司经营效率、管理人员素质的评估系统。投资机构利用这类评估系统，深入公司内部，对公司各方面进行定性、定量分析，从而做出是否投资的决定。表2-10是一家证券投资基金公司的企业竞争优势评估系统。

表2-10 汇添富企业竞争优势评估系统

| 评估优势分类 | 评估内容 | 定量分析 | 定性分析 |
| --- | --- | --- | --- |
| 管理层优势 | 稳定性 | 中高层流失比例 | 职业化倾向 |
| | 工作能力 | 项目成功率/以往经营业绩 | 战略思维/执行力 |
| | 品行评价 | | 员工评价/言行对比/个人背景考察 |
| 生产优势 | 生产过程 | 产能利用率 | 质量控制/物流管理 |
| | 生产资源 | 原材料自给率/垄断性 | 可持续获得能力 |
| | 生产规模 | 产量比率/产能扩张 | 产业链的长度和深度 |
| 市场优势 | 产品线分析 | | 产品结构/性能和特性/可维护性和附加价值 |
| | 营销渠道 | | 营销模式/网络完善性/网络效率 |
| | 品牌竞争力 | | 品牌所有权及价值/知名度/忠诚度/丰满度 |
| | 专利权保护 | 数量及年限 | 技术含量/价值创造能力 |
| | 研究发展 | 研发投入比率/新品收入贡献率 | 研发激励机制 |
| | 竞争管制 | 公司的行业排名 | 产业组织与竞争管制类型 |
| | 税收或补贴政策 | 补贴类型及数量 | 税收的类型及持续性 |
| | 关税水平 | 公司规模与出口规模 | 企业盈利影响 |
| | 信息披露 | | 公开报告的详尽度/公众股东沟通渠道的畅通度 |
| | 大股东状况 | | 稳定性/关联交易/独立性 |
| | 激励约束机制 | | MBO股权激励/内控制度/代理人利益的一致性 |

（2）财务分析

财务分析是以会计核算和报表资料及其他相关资料为依据，采用一系列专门的分析技术和方法，对企业等经济组织与过去和现在有关的筹资活动、投资活动、经营活动、分配活动的盈利能力、营运能力、偿债能力和增长能力状况等进行分析与评价的经济管理活动。财务分析也是普通投资者通过深入学习可以掌握的方法，比基本素质分析更容易，也更方便应用到实际操作中。

①财务分析的对象。财务分析主要分析上市公司的三大财务报表和财务指标。在交易软件中，点击"财务"，即可查询。

a. 资产负债表。资产负债表表示企业在一定日期（通常为各会计期末）的财务状况（即资产、负债和业主权益的状况）的主要会计报表。其报表除了具有企业内部除错、经营方向、防止弊端的功用外，也可让所有阅读者于最短时间了解企业经营状况。通过分析资产负债表，可以了解公司财务状况，对公司的偿债能力、资本结构是否合理、流动资金充足性等做出判断。

接下来我们简单了解一下如何解读资产负债表，见表2-11。

表2-11 资产负债表（账户式）

| 资产 | 金额 | 负债及股东权益 | 金额 |
|---|---|---|---|
| 流动资产 | | 流动负债 | |
| 长期投资 | | 长期负债 | |
| 固定资产 | | 负债合计 | |
| … | | 股东权益 | |
| 资产合计 | | 负债及股东权益合计 | |

资产负债表的主要元素包括所有者权益（股东权益）、负债和资产。所有者权益简单来讲包括企业的盈利分红、承担经营风险、具有决策权和拥有企业。负债是由过去交易或事项形成，预期会导致经济偿付的现实义务，包括企业欠别人的或借入的，已发生应由企业承担的债务。资产是指由过去交易、事项形成并由企业拥有或控制的，能以货币计量，预期可以带来经济利益的经济资源。

$$资产 = 所有者权益 + 负债$$

解读资产负债表首先可以从"资产结构"角度开始。当货币资金比重大时，说明企业经营条件相对宽松、管理可能出现松懈、具备扩大生产和开展多种经营的条件；当短期投资比重大时，说明有较多的资金在资本市场运营；当应收账款比重大时，表明扩大商业信用尺度，具有一定的经营风险；当原材料比重大时，存在原材料超储可能，存在原材料价值贬值的风险；当固定资产占总资产比重大时，反映房产或经营设备增加；当无形资产占总资产比重大时，反映经营依靠外购知识产权。负债方面，当长期负债占总负债的比重大时，对于资金运营条件来说较为宽松；当应付货款成为流动负债主要因素时，在买方市场环境下，暂时的拖欠不会引发挤兑现象，长时间的拖欠，会降低自身资信形象，且流动负债大于或等于流动资产时，对经营将产生严重影响。

其次，还可以将资产负债表的某项资产、负债、所有者权益的结构比连起来，如年、季、月，就可以掌握财务发展趋势。货币资金呈增长趋势对经营有利，但过大的资金存量会造成资金闲置；应收账款、存货在销售扩大的状态下，呈下降趋势对经营有利；其他应收款在没有对外往来的情况下，呈下降趋势对经营有利。在债务方面，长期负债的增长显然要好于流动负债的增长，其中，在应收账款、存货减少的状况下，运用在流动资产的短期借款对经营有利。所有者权益方面，并购企业形成的注册资本增量，或者因市场规模的扩大，投资者再投入资本对经营有利；溢价资本和接受捐赠呈增长趋势对经营有利；经营积累形成的所有者权益增长对经营有利。

b. 利润表。利润表是用以反映公司在一定期间利润实现（或发生亏损）的财务报表，是一段时间内公司经营业绩的财务记录，反映了这段时间的销售收入、销售成本、经营费用及税收状况，报表结果为公司实现的利润或形成的亏损。通过分析利润表可以了解分析公司的盈利能力、盈利状况、经营效率，对公司在行业中的竞争地位、持续发展能力做出判断。利润表是根据"利润=收入-费用"的基本关系编制的，如表2-12所示。

表2-12 利润表

编制单位： 年 月

会企02表
单位：元

| 项目 | 本期金额 | 上期金额 |
| --- | --- | --- |
| 一、营业收入 | | |
| 减：营业成本 | | |
| 　　营业税金及附加 | | |
| 　　销售费用 | | |
| 　　管理费用 | | |
| 　　财务费用 | | |
| 　　资产减值损失 | | |
| 加：公允价值变动收益（损失以"-"号填列） | | |
| 　　投资收益（损失以"-"号填列） | | |
| 　　其中：对联营企业和合营企业的投资收益 | | |
| 二、营业利润（亏损以"-"号填列） | | |
| 加：营业外收入 | | |
| 减：营业外支出 | | |
| 　　其中：非流动资产处置损失 | | |
| 三、利润总额（亏损总额以"-"号填列） | | |
| 减：所得税费用 | | |
| 四、净利润（净亏损以"-"号填列） | | |

续表

| 项目 | 本期金额 | 上期金额 |
|---|---|---|
| 五、每股收益 | | |
| （一）基本每股收益 | | |
| （二）稀释每股收益 | | |

对利润表的分析，主要是看不同时期（基期和报告期）各个项目，包括营业收入、营业利润、净利润等的变动情况。

比如关注营业收入的增长幅度，以判断其收入增长的稳定性。结合市场占有率情况进行考察，公司营业收入增幅相当大，但市场占有率下降，说明公司营业收入增长率低于行业增长水平。相反，如果行业销售大幅下滑，公司销售照样大幅增长，市场占有率肯定会大幅提升。营业利润的增加是由于营业收入大幅增加还是财务费用大幅降低所致，或二者共同作用。在分析净利润的变动额时，同时关注企业的营业成本、销售费用、管理费用是否大幅变动，并和同行业其他企业进行比较，利润增长率相同但成本高的企业居于劣势。

c. 现金流量表。现金流量表提供公司一定会计期间内现金和现金等价物流入和流出的信息，通过分析现金流量表可以了解和评价公司获取现金和现金等价物的能力，并可以预测公司未来的现金流量，见表2-13。

表2-13 现金流量表

编制单位：A公司　　　　　　　　2005年6月　　　　　　　　会企03表
　　　　　　　　　　　　　　　　　　　　　　　　　　　　　　单位：元

| 项目 | 行次 | 金额 |
|---|---|---|
| 一、经营活动产生的现金流量 | | |
| 　销售商品、提供劳务收到的现金 | 1 | 124,999,006.99 |
| 　收到的税费返还 | 3 | |
| 　收到的其他与经营活动有关的现金 | 8 | 3,621,880.97 |
| 现金流入小计 | 9 | 128,620,887.96 |
| 　购买商品接受劳务支付的现金 | 10 | 118,378,581.62 |
| 　支付给职工以及为职工支付的现金 | 12 | 5,000.00 |
| 　支付的各项税费 | 13 | 1,379,597.39 |
| 　支付的其他与经营活动有关的现金 | 18 | 12,716,599.00 |
| 现金流出小计 | 20 | 132,479,778.01 |
| 　经营活动产生的现金流量净额 | 21 | 3,858,890.05 |
| 二、投资活动产生的现金流量 | | |
| 　收回投资所收到的现金 | 22 | — |
| 　取得投资收益所收到的现金 | 23 | — |

分析现金流量表可从以下角度考虑。

当经营活动现金流入量小于流出量，投资活动现金流入量大于流出量，筹资活动现金流入量大于流出量时，说明企业经营活动现金账流入不足，主要靠借贷维持经营；如果投资活动现金流入量净额是依靠收回投资或处置长期资产所得，财务状况较为严峻。

当经营活动现金流入量小于流出量，投资活动现金流入量小于流出量，筹资活动现金流入量大于流出量时，说明企业经营活动和投资活动均不能产生足够的现金流入，各项活动完全依赖借债维系，一旦举债困难，财务状况将十分危险。

当经营活动现金流入量小于流出量，投资活动现金流入量大于流出量，筹资活动现金流入量小于流出量时，说明企业经营活动产生现金流入不足，筹集资金发生了困难，可能主要依靠收回投资或处置长期资产所得维持运营，说明企业财务状况已陷入了困境。

当经营活动现金流入量小于流出量，投资活动现金流入量小于流出量，筹资活动现金流入量小于流出量时，说明企业三项活动均不能产生现金净流入，说明企业财务状况处于瘫痪状态，面临着破产或被兼并的危险。

当经营活动现金流入量大于流出量，投资活动现金流入量大于流出量，筹资活动现金流入量大于流出量时，说明企业财务状况良好。但要注意对投资项目的可行性研究，否则增加投资会造成浪费。

财务报表分析是一门系统化的学科，需要投资者花费时间及精力认真研究。本书篇幅有限，在此不再赘述。

②财务分析的方法

A. 趋势分析法。趋势分析法又叫时间序列分析法，它是通过对财务报表中各类相关数字进行分析比较，尤其是将一个时期的财务报表和另一个或几个时期的财务报表相比较，以判断一个公司的财务状况和经营业绩的演变趋势及其在同行业中地位变化等情况。通过趋势分析可以知道企业财务经营的变化情况，为预测未来发展方向提供帮助。此方法已在资产负债表讲解中举例说明。

B. 比率分析法。比率分析法是以同一期财务报表上若干重要项目的相关数据相互比较，求出比率，用以分析和评价公司的经营活动以及公司目前和历史状况的一种方法，是财务分析最基本的工具。

比较常用的指标主要分析盈利能力、偿债能力、营运能力。

**盈利能力指标**

a. 资本金利润率

$$资本利润率 =（利润总额/资本金总额）\times 100\%$$

指标意义：表明企业的所有者投入100元资本金的获利的实际情况。如果不用"%"，表明每投入一元的资本的获利情况。如果使用"净利润"计算（可以参考下面的净资产收益率指标），可以更加准确地反映资本的回报程度；如果计算的结果低于银行存款的同期利率，则表明回报太低。

b. 净资产收益率

$$净资产收益率 =（净利润/平均所有者权益）\times 100\%$$

其中："平均所有者权益"就是平均计算的账面"净资产"，或者年度末股东权益。

指标意义：表明企业每投入100元的净资产，能够带来多少净利润。一般认为，它不能低于银行同期定期存款的利率，否则，还不如将资本存入银行，风险更低。原来未使用"净利润"计算，而是采用利润总额概念。中国证监会的有关规定做出了规范，上市公司采用"净利润"进行计算，这样可以更加准确地反映净资产的投资回报程度。因为在利润总额中，还没有扣除所得税费用等项目。

c. 每股净利润

$$每股净利润 = (净利润/股本总数) \times 100\%$$

指标含义：每股净利润也叫每股收益，即EPS，又称每股税后利润、每股盈余，指税后利润与股本总数的比率。

指标意义：表明企业的每100股股票获得的净利润是多少。由于一般企业会计账面上的1个股本1元，它也可以解释为100元的股本能够带来多少净利润。显然，它是越高越好。

d. 市盈率

$$市盈率 = (每股股价/每股净利润) \times 100\%$$

指标含义：市盈率指在一个考察期（通常为12个月的时间）内，每股股票的价格和每股收益的比例。投资者通常利用该比例值估量某股票的投资价值，或者用该指标在不同公司的股票之间进行比较。市盈率通常是用来作为比较不同价格的股票其内在投资价值是否被高估或者低估的指标。

指标意义：表示以现在的盈利能力收回每股股票价格的年限；或者每获得一块钱的股利需要付出的价钱。一般使用"倍"作为单位。美国等成熟证券市场上的市盈率一般是10～20倍；如果高于28倍，被认为存在泡沫。创业板的市盈率一般高一些。理论上，股票的市盈率越低，越值得投资，代表投资者能够以较低价格购入股票以取得回报。

**小常识**

一般说的市盈率指的是静态市盈率。静态市盈率是以上市公司的上年盈利为基础的，因为盈利已经实现，基数是固定的，所以叫静态市盈率。而动态市盈率是以上市公司当年预测的盈利情况为基础，由于并不是确定的盈利，只是盈利的预测值，所以这个值并不是已经实现的、固定的，所以叫动态市盈率。

e. 市净率

$$市净率 = (每股股价/每股净资产) \times 100\%$$

指标含义：市净率指的是每股股票的市价与每股净资产之间的比值。市净率的比值越低，意味着风险越低。

指标意义：表示企业现在的资本在证券市场上按现行价格计算，考虑溢价之后，达到了实际历史成本的多少倍（1元净资产在证券市场上可以变现为多少倍的钱）。可以作为确定新发行股票初始价格的参照标准。许多国有企业在变卖时，按照"净资产"作价，表示市净率为1倍。一般来说，市净率达到3倍，可以树立较好的公司形象。市净率越低的股票，其投资价值越高。相反，其投资价值就越低。

f. 营业收入利润率

$$营业收入利润率 = (利润总额/营业收入额) \times 100\%$$

指标意义：表明企业每100元营业收入带来的利润是多少。指标反映了企业利润在销售收入款项中的比例。例如，30%，表示每次销售获得的收入中，有30元是利润。指标越高越好，表示盈利能力高。

g. 成本费用利润率

$$成本费用利润率 = (利润总额 / 成本费用总额) \times 100\%$$

$$成本费用总额 = 营业成本 + 营业费用 + 管理费用 + 财务费用$$

指标意义：表明企业每花费100元，能够带来多少利润。指标越高越好，表明付出的回报越大。

**偿债能力指标**

a. 流动比率

$$流动比率 = (流动资产 / 流动负债) \times 100\%$$

指标意义：表明企业的每100元流动负债所对应的流动资产的数量。在一般情况下，应当不低于2，即用200元的流动资产应对100元的流动负债的偿债需要，才是比较合理的。这个指标主要是用来反映短期偿债能力的指标。它对资金流动性的要求是很高的。

b. 速动比率

$$速动比率 = (速动资产 / 流动负债) \times 100\%$$

其中，速动资产 = 流动资产 − 存货 − 待摊费用等。

指标意义：表明企业每100元的流动负债，所对应的速动资产是多少。一般认为，它不能低于100%，即当速动资产不少于流动负债时，风险较小；否则，风险就很大。速动资产主要包括货币资金、交易性金融资产、应收票据、应收账款净额、预付账款、其他应收款、应收利息和应收股利等项目，用于考察企业的短期偿债能力。

c. 资产负债率

$$资产负债率 = (负债总额 / 全部资产总额) \times 100\%$$

指标意义：用于评价企业的长期偿债能力。表明企业每100元的资产，需要承担多少负债，即欠别人多少钱。一般认为，它不能高于100%，否则，资不抵债，应当破产。国际公认的资产负债率为50%。我国企业资产负债率为35%~65%。工业企业通常低一些，资产负债率为25%。

d. 长期负债率

$$长期负债率 = (长期负债 / 全部负债) \times 100\%$$

指标意义：表明企业每100元的负债中，有多少是长期负债。一般认为，长期负债多，近期的偿付压力就小，财务风险就低。通常情况下，合理的长期负债率为30%~70%。如果流动负债与长期负债之比是1∶2时，比较合理。

**营运能力指标**

a. 应收账款周转率

$$应收账款周转率 = (赊销收入 / 应收账款净额平均余额) \times 100\%$$

其中：赊销收入 = 全年营业收入总额 − 全年现销收入

应收账款净额平均余额 = 年初、年末应收账款净额的平均数。

指标意义：表明企业每100元的应收账款，对应了多少赊销的收入。指标可以反映在一定期间内赊销收入是应收账款的多少倍，一般也叫周转次数，即以一定的应收账款所占用的资金，能够收回几倍于它的赊账形成的收入，即周转了几次。一般认为，这个周转率越大越好，即周转次数越多，带来的收入也越多，意味着同样的应收账款带来了更多的赊销收入。赊销收入多，应收账款少，企业的坏账风险更小。

b. 应收账款周转天数

应收账款周转天数 =（360/应收账款周转率）× 100%

指标意义：表明企业收回这么多的应收账款需要多少天。一般认为，周转天数越少越好，即天数少，周转快，收回应收账款需要的时间越少，同时，坏账的风险也更小。

c. 存货周转率

存货周转率 =（销售成本/存货平均余额）× 100%

其中：存货平均余额就是按照期初存货和期末存货的余额平均计算的数额。

指标意义：表明企业每投入100元的存货成本，有多少作为销售成本流出。它表示存货的周转次数，次数越多，周转越快，产品越多，说明存货的使用效率越高，即以最少的资金占用做了更多的事情。销售成本是出库商品的历史成本，存货余额反映库存物资及在产品中的成本，二者之比表示存货的周转快慢。如果存货周转率大（快），表示出库商品多，资金回笼速度快，风险小。否则，销售量差，大量资金压在存货上，活钱变为死钱。

d. 存货周转天数

存货周转天数 =（360/存货周转率）× 100%

指标意义：表明企业现有的存货每周转一次（相当于按照现在的产成品出库的速度全部出库），需要多少天。一般认为，周转天数越短（少）越好，意味着销售产成品越多，资金周转快，带来利润更多，风险更小。不同行业的企业的存货周转率和天数没有可比性，但是，同一个行业则存在可比性。这些指标反映了企业管理水平的高低。

### 案例

**如何解读年报**

公司年报是依照上市公司信息披露制度和格式撰写的，必须经过注册会计师事务所的审计认可，是投资者了解公司投资价值最基本的资料。从字里行间去解读年报，是投资者必须训练和掌握的一项基本功。

上市公司的年报、半年报、季报都可在交易软件中查阅到，关注公司公告即可。根据我国《证券法》规定，上市公司的年报必须在次年的1~6月公布，最晚在6月底；半年报是6月结束的后两个月内公布，也就是7~8月，且不晚于8月；季报是每个季度结束后的一个月内公布，不得拖延。

一季报：4月30日前；半年报：8月31日前；三季报：10月31日前；年报：次年4月30日前。

公司年报的一般格式包括以下内容。

①公司简介；
②会计数据和业务数据摘要；
③股东情况介绍；
④股东大会简介；
⑤董事会（局）报告；
⑥监事会报告；

⑦重要事项；
⑧财务会计报告；
⑨公司的其他有关资料；
⑩备查文件。

附：董事会公告、监事会报告、股东代表大会通告、会计事务所专项报告等

附：资产负债表、利润表、利润分配表、现金流量表等

解读公司年报，重点看以下指标及事项。

一看"每股收益"，算出这只股票的市盈率。

每股收益＝净利润/总股本

市盈率＝股票价格/每股收益

例如，招商银行（600036）2016年年末的每股收益为2.46元，2017年6月30日收盘价为23.7元，则：

市盈率＝23.7÷2.46＝9.6（倍）

每股收益与市盈率的研判。

每股收益高（绩优股），但股票价格高（高价股），市盈率也高，投资风险相对较大。如杭州高新（300478），2017年3月8日股价高达57.65元，当时市盈率已接近400倍，之后股价出现跌停也就不奇怪了。

股票价格低（低价股），但每股收益低（绩差股），市盈率就高，投资风险同样较大。如联络互动（002280），2017年6月22日最高股价为13.31元，市盈率已达78倍，此时无疑风险很大。

每股收益高（绩优股），而股票价格并不高（中低价股），市盈率就低，投资风险相对较低。如百隆东方（601339），2017年7月6日收盘价6元，因其2016年年报的每股收益达0.4元，相应的市盈率只有15倍，投资风险显然很小。

不过，在判断市盈率高低时还应当把流通盘的大小考虑进去。市盈率低的股票，流通盘往往很大，也就是说，流通市值（股票价格×流通盘）并不小。由于流通市值大，若想控盘需要大量资金，一般中小机构难以入驻做庄，所以，这类股票大多长时间蛰伏在底部，很适合中小投资者进行中长线投资。在底部介入的投资者只要能"捂"，往往持股一年半载也会有30%以上收益。

市盈率高的股票，流通盘往往很小，也就是说，流通市值并不大。由于流通市值不大，若想控盘并不需要大量资金，一般中小机构乐于驻庄，所以，这类股票一旦被庄家所控盘，便会出现爆发性上升行情。善于"投机者"往往热衷于介入这类股票"做短线"，但"吃套""割肉"的可能性也很大。

二看"每股公积金"，看这只股票分红派息送转能力。

每股公积金＝累计的盈余公积金÷总股本

每股公积金多不仅表明该公司盈利能力较强，也表明公司具有转增股本的能力。一般来说，若某公司每股公积金达1元以上，该公司就具有10转增10的能力。请注意，某些上市公司也不是没有"未分配利润"，每股公积金也有，但就是多年不分配，还美其名曰"为未来的发展增添后劲"。某些上市公司的每股公积金很高，但就是不愿转增股本，而乐于派息。某些上市公司热衷于用公积金"转增股本"，但就是不分配现金。

不断地用公积金转增股本的上市公司往往受到投资者的广泛欢迎，这样的股票被市场视为"高成长"。长期投资于这类上市公司，可以通过该公司股票不断地"除权—填权—除权—填权"获得翻倍、数倍甚至数十倍的收益，如平安银行（000001）历年分红送转增股本情况，见图2-6所示。

| 分红年度 | 分红方案 | 分红率（%） |
| --- | --- | --- |
| 2016年报 | 10派1.58元（含税） | — |
| 2016中报 | 不分配不转增 | — |
| 2015年报 | 10转2股派1.53元（含税） | 1.46 |
| 2015年中报 | 不分配不转增 | — |
| 2014年报 | 10转2股派1.74元（含税） | 1.04 |
| 2014中报 | 不分配不转增 | — |
| 2013年报 | 10转2股派1.60元（含税） | 1.41 |
| 2013中报 | 不分配不转增 | — |
| 2012年报 | 10送6股派1.70元（含税） | 0.89 |

图2-6 平安银行历年分红送转增股本情况

有的上市公司则喜欢以现金形式来回报投资者，若能一直保持这种良好的风格，则会取得投资者信任，也能为以后的融资打下良好的基础。

三看"净资产收益率"，看上市公司再融资、高成长能力。

净资产收益率 = 净利润/净资产

净资产收益率是配股的重要条件之一：最近3个会计年度的净资产收益率平均在10%以上；其中任何一年的净资产收益率不得低于6%。

四看"产品结构"，看上市公司产品所处的生命周期阶段及各阶段产品的搭配情况。

五看"风险提示"，看上市公司对内外经营环境的预警程度及对投资者权益的关注、保护程度。同证券投资活动一样，上市公司的任何活动也是既有收益又面临着风险。与企业外部环境变化相关的系统风险，是公司不可控制的风险，必须从适应市场变化的角度加以规避；与企业内部条件相关的特定风险，是非公司可以控制的风险，必须从健全内部控制制度加以规避。

影响上市公司正常运作的重大风险："关联交易"。关联交易是关联方（上市公司与控股股东及其子公司）之间发生转移资源或义务的事项。在原材料采购、产品销售、物业管理等环节都会发生，相当多的关联交易是不可避免的。不同性质的关联交易对公司经营业绩构成不同的影响。有正向的影响，也有负面的影响。

为保护中小投资者的利益，必须强化对关联交易的监管，重点是对现有关联交易采用客观公正的定价，尽可能降低关联交易的比例等。

影响上市公司正常运作的重大风险："三分开"。"三分开"是指上市公司与控股股东之间在人员、资产、财务方面相互独立。具体要看公司领导体制是否健全，公司劳动人事及工资管理是否完全独立，高级管理人员和财务人员是否在控股股东单位双重任职或在外兼职。公司在银行是否开设了独立的账户，是否独立依法纳税，是否为大股东借贷作担保，是否有独立、健全的财务核算系统和财务管理制度。公司是否有独立的资产和独立的产供销系统，是否存在相同产品生产经营的同业竞争情况等。

影响上市公司正常运作的其他重大风险：是否有重大诉讼、仲裁事项。公司及其董事和高级管理人员有无受监管部门处罚的情况。公司的控股股东是否发生变更，公司主要领导人员是否发生了变动。公司是否发生收购及出售资产、合并吸收等事项，是否存在托管、承包、租赁其他公司资产的情形，或者其他公司托管、承包、租赁本公司资产的情形。公司所处行业的外部环境是否发生了重大变化。

**名词解释：**

①坐庄：庄家指能影响某一金银币行情的大户投资者，通常是占有50%以上的发行量。有时庄家控量不一定达到50%，看各品种而定，一般10%~30%即可控盘。利用资金优势控制股价即坐庄。

②吃套、割肉：吃套即在股价高位买入股票。割肉即比买入价低的价格将手中的股票卖掉。

③配股：上市公司向原股东发行新股、筹集资金的行为。按照惯例，公司配股时新股的认购权按照原有股权比例在原股东之间分配，即原股东拥有优先认购权。

## （二）技术分析

### 1. 技术分析概述

股票技术分析是以预测市场价格变化的未来趋势为目的，通过分析历史图表对市场价格的运动进行分析的一种方法。其目的是预测短期内股价涨跌的趋势，它是证券投资市场中应用非常普遍的一种分析方法。技术分析是指以市场行为为研究对象，以判断市场趋势并跟随趋势的周期性变化来进行股票及一切金融衍生物交易决策的方法的总和。技术分析认为市场行为包容消化一切。

基本分析主要应用于投资标的物的选择上，技术分析则主要应用于具体投资操作的时间和空间判断上，是提高投资分析有效性和可靠性的重要手段。二者的主要异同点如下。

基本分析法是以传统经济学理论为基础，以企业价值作为主要研究对象，通过对决定企业内在价值和影响股票价格的宏观经济形势、行业发展前景、企业经营状况等进行详尽分析，以大概测算上市公司的长期投资价值和安全边际，并与当前的股票价格进行比较，形成相应的投资建议。基本分析认为股价波动不可能被准确预测，而只能在有足够安全边际的情况下买入股票并长期持有。

技术分析法是以传统证券学理论为基础，以股票价格作为主要研究对象，以预测股价波动趋势为主要目的，从股价变化的历史图表入手，对股票市场波动规律进行分析的方法总和。技术分析认为市场行为包容消化一切，股价波动可以定量分析和预测，如道氏理论、波浪理论、江恩理论等。分析的具体内容包括价、量、时、空。价，是指股票过去和现在的成交价；量，是指股票过去和现在的成交量（或成交额）；时，是指股票价格变动的时间因素和分析周期；空，是指股票价格波动的空间范围。

（1）分析目的

股票基本分析的目的是为了判断股票现行股价的价位是否合理并描绘出它长远的发展空间，而股票技术分析主要是预测短期内股价涨跌的趋势。通过基本分析我们可以了解应购买何种股票，而技术分析则让我们把握具体购买的时机。在时间上，技术分析注重短期分析，在预测旧趋势结束和新趋势开始方面优于基本分析，但在预测较长期趋势方面则不如后者。大多数成功的股票投资者都是把两种分析方法结合起来加以运用。他们用基本分析估计较长期趋势，而用技术分析判断短期走势和确定买卖的时机。

（2）基本观点

股票技术分析和基本分析都认为股价是由供求关系所决定。基本分析主要是根据对影响供需关系种种因素的分析来预测股价走势，而技术分析则是根据股价本身的变化来预测股价走势。技术分析的基本观点是所有股票的实际供需量及其背后起引导作用的种种因素，包括股票市场上每个人对未来的希望、担心、恐惧等，都集中反映在股票的价格和交易量上。

**2. 技术分析应用的前提条件**

股票技术分析建立在三个前提条件下，如果三个前提条件不存在的话，那么技术分析没有任何意义。

（1）市场行为包容消化一切

技术分析者认为，能够影响某种证券价格的任何因素（不管是宏观的或是微观的）都反映在其证券的价格之中。研究影响证券价格的因素对普通投资者来说是不可能实现的，即使是经济学家对市场的分析也是不确定的。因此，研究证券的价格就是间接地研究影响证券价格的经济基础。技术分析者通过研究价格图表和大量的辅助技术指标，让市场自己揭示它最可能的走势。

（2）价格以趋势方式演变

技术分析者通过经验的总结，认为证券的价格运动是以趋势方式演变的。研究价格图表的全部意义，就是要在一个趋势发生发展的早期，及时准确地把它揭示出来，从而达到顺应趋势交易的目的。正是因为有趋势的存在，技术分析者通过对图表、指标的研究，发现趋势即将发展的方向，从而确定买入和卖出股票的时机。

（3）历史会重演

技术分析者认为人类的本性就是"江山易改，本性难移"。图表表现了人们对市场的看法，通过对图表的研究可以找到相似的形态从而找到未来价格运动的方向。

**3. 技术分析的主要内容**

股票技术分析理论的主要代表有道氏理论、波浪理论、江恩理论等。主要分析方法有K线（日本线）理论、切线理论、形态理论、量价关系理论。主要的分析指标包括趋势型指标、超买超卖型指标、人气型指标、大势型指标等内容。

在学习具体的技术分析内容前，投资者需要首先学会看盘。

（1）大盘（上证指数）分时走势（见图2-7）

①白色曲线。表示大盘加权指数，即证券交易所每日公布媒体常说的大盘实际指数。

②黄色曲线。表示大盘不含加权的指标，即不考虑股票盘子的大小，而将所有股票对指数影响看作相同而计算出来的大盘指数。

a. 当大盘指数上涨时，黄线在白线之上，表示流通盘较小的股票涨幅较大；反之，黄线在白线之下，说明盘小的股票涨幅落后大盘股。

b. 当大盘指数下跌时，黄线在白线之上，表示流通盘较小的股票跌幅小于盘大的股票；反之，盘小的股票跌幅大于盘大的股票。

也可以简单地认为白线表示大盘股，黄线表示小盘股，有句谚语"黄线在上，民心所向"。

③红绿柱状线。红绿柱表示股价指数下跌或上涨的强弱度。当红色柱状线长度逐渐往上增长时，表示指数增长的力量逐渐增强；而当红色柱状线的长度逐渐缩短时，表示股票指数增长的力量在渐渐减弱。

当绿色柱状线长度逐渐往下增长时，表示指数下跌的力量逐渐增强；而当绿色柱状线的长度逐渐缩短时，表示指数下跌的力量在渐渐减弱。

简而言之，红色向上增长时表示上涨的力量增强，绿色向下伸长时表示下跌的力量增强。

④最下方的黄蓝柱线表示成交量，以手为单位。

⑤右上方指标含义。委买量是指委托买价最高前三档买盘之和，单位为手。委卖量是指委托卖价最低前三档卖盘之和，单位为手。

现手是指某一股票即时的成交量或一只股票最近的一笔成交量或最近成交的一笔成交量。股市最小交易量是1手，为100股，对于一只股票最近的一笔成交量叫现手。

换手率本书前面已有介绍，详见股票的特点流通性。

（2）个股分时走势图（见图2-8）

①白色曲线是即时成交价线，波动非常明显，代表该种股票即时成交的价格。

②黄色曲线是当日平均成本线，是根据每笔成交量按照移动加权计算的价格的反映，表示该种股票即时成交的平均价格（当日的平均成本），即当天成交总金额除以成交总股数。

个股白黄曲线的相对位置表示该股票走势的强弱。白色曲线一直运行在黄色曲线上方，说明买盘积极，股价不跌，强势，否则为弱势。

③左下方的细柱线表示成交量。

④右上方指标含义。外盘为以卖出价成交的手数，表示主动性的买进。内盘为以买入价成交的手数，表示主动性的卖出。

量比＝现成交总手/[过去5日平均每分钟成交量×当日累计开市时间（分）]

当量比大于1时，说明当日每分钟的平均成交量要大于过去5日的平均数值，交易比过去5日火爆；而当量比小于1时，说明现在的成交量比不上过去5日的平均水平，说明市场越来越不活跃，交易量萎缩。

量比越大，一般说明当日的交易量越大，这个交易量包括买入量，也包括卖出量。我们不能根据量比大，就判断内外盘的关系。

通俗地讲，外盘大，说明主动买方多，内盘大，说明主动卖方多。当内盘大于外盘，且量比放大，说明市场主体在卖出。当外盘大于内盘，且量比放大，说明市场主体在买入。

（3）个股技术分析界面（见图2-9）

点击"分时图"下方的"K线图"，便是技术分析界面。

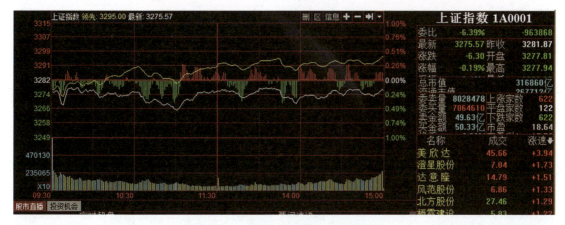

图2-7 大盘（上证指数）分时走势

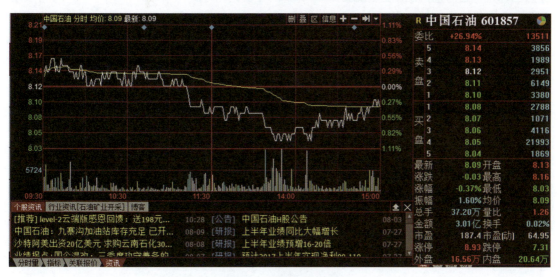

图2-8 个股分时走势图

图2-9 个股技术分析界面

①左上方的各色曲线是均线，白色曲线是5日均线，黄色曲线是10日均线，盘面最上方有不同颜色标注。不同颜色的线条中，有一根一根红色空心和绿色实心线条，是K线，主要进行K线组合和形态分析。

②左边中间表示成交量。左下方是各类指标。

（4）K线分析

K线分析是所有技术分析方法的基础。从K线图中，既可看到股价（或大市）的趋势，也同时可以了解到每日市况的波动情形。不过绘制方法比较繁复，是众多走势图中最难制作的一种。

K线图这种图表源自日本，被当时日本米市的商人用来记录米市的行情与价格波动，后因其细腻独到的标画方式而被引入到股市及期货市场。目前，这种图表分析法在我国以至整个东南亚地区尤为流行。由于用这种方法绘制出来的图表形状颇似一根根蜡烛，加上这些蜡烛有黑白之分，因而也叫阴阳线图表。创造的目的主要是用于记录市场商品的行情和价格波动情况，后来经过逐步地运用和改善，将K线图用于金融等其他行业，来表示整个相关产品的变化趋势。以股市为例，K线图看起来比较直观，同时可以携带大量的信息，所以，能够比较完整地记录股价的变化趋势，进而预测后市情况。按照周期，K线图可分为日K线图、周K线图等。一般K线图由阳线、阴线和平盘线组成，如图2-10所示。

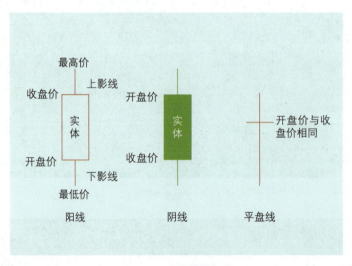

图2-10　K线图的构成

绘制K线图，首先要找到该日或某一周期的最高价和最低价，垂直地连成一条直线；然后再找出当日或某一周期的开市价和收市价，把这两个价位连接成一条狭长的长方柱体。假如当日或某一周期的收市价较开市价为高（即低开高收），便以红色来表示，或是在柱体上留白，这种柱体就称之为"阳线"。如果当日或某一周期的收市价较开市价为低（即高开低收），则以蓝色表示，又或是在柱体上涂黑色，这柱体就是"阴线"了。

由于"阴阳线"变化繁多，"阴线"与"阳线"里有许多大小不同的变化，因此，需详细分析其意义。

在讨论"阴阳线"的分析意义之前，要先知道阴阳线每一个部分的名称。以阳线为例，最高价与收市价之间的部分称之为"上影"，开市价与收市价之间的部分称为"实体"，开市价与最低价之间的部分就称作"下影"。

以下列举几种最基本的K线形式，见图2-11所示。

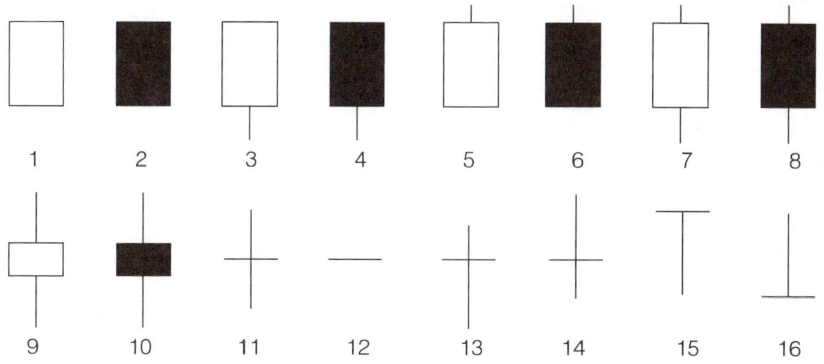

图2-11　K线图的形式

①长红线或大阳线。此种图表示最高价与收盘价相同，最低价与开盘价一样。上下没有影线。从一开盘，买方就积极进攻，中间也可能出现买方与卖方的斗争，但买方发挥最大力量，一直到收盘。买方始终占优势，使价格一路上扬，直至收盘。表示强烈的涨势，股市呈现高潮，买方疯狂涌进，不限价买进。握有股票者，因看到买气的旺盛，不愿抛售，出现供不应求的状况。

②长黑线或大阴线。此种图表示最高价与开盘价相同，最低价与收盘价一样。上下没有影线。从一开始，卖方就占优势。股市处于低潮。握有股票者不限价疯狂抛出，造成恐慌心理。市场呈一面倒，直到收盘，价格始终下跌，表示强烈的跌势。

③先跌后涨型。这是一种带下影线的红实体。最高价与收盘价相同，开盘后，卖气较足，价格下跌。但在低价位上得到买方的支撑，卖方受挫，价格向上推过开盘价，一路上扬，直至收盘，收在最高价上。总体来讲，出现先跌后涨型，买方力量较大，但实体部分与下影线长短不同，买方与卖方力量对比不同。实体部分比下影线长。价位下跌不多，即受到买方支撑，价格上推。破了开盘价之后，还大幅度推进，买方实力很强。

实体部分与下影线相等，买卖双方交战激烈，但大体上买方占主导地位，对买方有利。

实体部分比下影线短。买卖双方在低价位上发生激战。遇买方支撑逐步将价位上推。但从图2-11中可发现，上面实体部分较小，说明买方所占据的优势不太大，如卖方次日全力反攻，则买方的实体很容易被攻占。

④下跌抵抗型。这是一种带下影线的黑实体，开盘价是最高价。一开盘卖方力量就特别大，价位一直下跌，但在低价位上遇到买方的支撑。后市可能会反弹。实体部分与下影线的长短不同，可分为三种情况。

a. 实体部分比影线长。卖方压力比较大，一开盘，价位大幅度下压，在低点遇到买方抵抗，买方与卖方发生激战，影线部分较短，说明买方把价位上推不多，从总体上看，卖方占了比较大的优势。

b. 实体部分与影线同长。表示卖方把价位下压后，买方的抵抗也在增加，但可以看出，卖方仍占优势。

c. 实体部分比影线短。卖方把价位一路压低，在低价位上，遇到买方顽强抵抗并组织反击，逐渐把价位上推，最后虽以黑棒收盘，但可以看出卖方只占极少的优势。后市很可能买方会全力反攻，把小黑实体全部吃掉。

⑤上升阻力。这是一种带上影线的红实体。开盘价即最低价。一开盘买方强盛，价位一路上推，但在高价位遇卖方压力，使股价上升受阻。卖方与买方交战结果为买方略胜一筹。具体情况仍应观察实体与影线的长短。红实体比影线长，表示买方在高价位是遇到阻力，部分多头获利回吐。但买方仍是市场的主导力量，后市继续看涨。实体与影线同长，买方把价位上推，但卖方压力也在增加。二者交战结果是卖方把价位压回一半，买方虽占优势，但显然不如卖方优势大。实体比影线短。在高价位遇卖方的压力，卖方全面反击，买方受到严重考验。大多短线投资者纷纷获利回吐，在当日交战结束后，卖方已收回大部分失地。买方一块小小的堡垒（实体部分）将很快被消灭。这种K线如出现在高价区，则后市看跌。

⑥先涨后跌型。这是一种带上影线的黑实体。收盘价即是最低价。一开盘，买方与卖方进行交战。买方占上风，价格一路上升。但在高价位遇卖压阻力，卖方组织力量反攻，买方节节败退，最后在最低价收盘，卖方占优势，并充分发挥力量，使买方陷入"套牢"的困境。具体情况仍有以下三种。

a. 黑实体比影线长。表示买方把价位上推不多，立即遇到卖方强有力的反击，把价位压破开盘价后乘胜追击，再把价位下推很大的一段。卖方力量特别强大，局势对卖方有利。

b. 黑实体与影线相等。买方把价位上推，但卖方力量更强，占据主动地位。卖方具有优势。

c. 黑实体比影线短。卖方虽将价格下压，但优势较少，明日入市，买方力量可能再次反攻，黑实体很可能被攻占。

⑦反转试探型（图2-11中7、9）。这是一种上下都带影线的红实体。开盘后价位下跌，遇买方支撑，双方争斗之后，买方力量增强，价格一路上推，临收盘前，部分买者获利回吐，在最高价之下收盘。这是一种反转信号。如在大涨之后出现，表示高档震荡，如成交量大增，后市可能会下跌。如在大跌后出现，后市可能会反弹。这里上下影线及实体的不同又可分为多种情况。

a. 上影线长于下影线之红实体。影线部分长于红实体表示买方力量受挫折；红实体长于影线部分表示买方虽受挫折，但仍占优势。

b. 下影线长于上影线之红实体。红实体长于影线部分表示买方虽受挫折，仍居于主动地位；影线部分长于红实体表示买方尚需接受考验。

⑧弹升试探型（图2-11中8、10）。这是一种上下都带影线的黑实体，在交易过程中，股价在开盘后，有时会力争上游，随着卖方力量的增加，买方不愿追逐高价，卖方渐居主动，股价逆转，在开盘价下交易，股价下跌。在低价位遇买方支撑，买气转强，不至于以最低价收盘。有时股价在上半场以低于开盘价成交，下半场买意增强，股价回至高于开盘价成交，临收盘前卖方又占优势，而以低于开盘价之价格收盘。这也是一种反转试探。如在大跌之后出现，表示低档承接，行情可能反弹。如大涨之后出现，后市可能下跌。

⑨十字线型（图2-11中11、13、14）。这是一种只有上下影线、没有实体的图形。开盘价即是收盘价，表示在交易中，股价出现高于或低于开盘价成交，但收盘价与开盘价相等。买方与卖方几乎势均力敌。其中，上影线越长，表示卖压越重。下影线越长，表示买方旺盛。上下影线看似等长的十字线，可称为转机线，在高价位或低价位，意味着出现反转。

⑩"T"图形（图2-11中15、16）。又称多胜线，开盘价与收盘价相同，当日交易以开盘价以下之价位成交，又以当日最高价（即开盘价）收盘。卖方虽强，但买方实力更强，局势对买方有利，如在低价区，行情将会回升。

⑪一图形（图2-11中12）。此图形不常见，即开盘价、收盘价、最高价、最低价在同一价位。只出现于交易非常冷清、全日交易只有一档价位时成交。冷门股较易发生此类情形。

学习了K线及其基本形态，我们总结一下如何看K线。

一看阴阳。阴阳代表趋势方向，阳线表示将继续上涨，阴线表示将继续下跌。以阳线为例，经过一段时间的多空拼搏，收盘价高于开盘价表明多头占据上风。根据牛顿力学定理，在没有外力作用下价格仍将按原有方向与速度运行，因此，阳线预示下一阶段仍将继续上涨，最起码能保证下一阶段初期能惯性上冲。故阳线往往预示着继续上涨，这一点也极为符合技术分析中三大假设之一的股价沿趋势波动，而这种顺势而为也是技术分析最核心的思想。同理可得阴线继续下跌。

二看实体大小。实体大小代表内在动力，实体越大，上涨或下跌的趋势越是明显，反之趋势则不明显。以阳线为例，其实体就是收盘价高于开盘价的那部分。阳线实体越大说明了上涨的动力越足，就如质量越大与速度越快的物体，其惯性冲力也越大的物理学原理。阳线实体越大代表其内在上涨动力也越大，其上涨的动力将大于实体小的阳线。同理可得阴线实体越大，下跌动力也越足。

三看影线长短。影线代表转折信号，向一个方向的影线越长，越不利于股价向这个方向变动，即上影线越长，越不利于股价上涨，下影线越长，越不利于股价下跌。以上影线为例，在经过一段时间多空斗争之后，多头终于败下阵来。一朝被蛇咬，十年怕井绳，不论k线是阴还是阳，上影线部分已构成下一阶段的上档阻力，股价向下调整的概率居大。同理可得下影线预示着股价向上攻击的概率居大。

在K线的实际应用中，一般是将多根K线组合起来看。接下来介绍几种常见的K线组合。

①锤形线、上吊线（见图2-12和图2-13）。锤形线特征：a.出现在下降途中，小实体在K线的顶部；b.下影线的长度应该比实体的长度长得多；c.上影线非常短甚至没有。锤形线处在下降趋势中，在疯狂卖出被遏制后股价又回到了或者接近了当天的最高点。如果是一根阳线，股价第二天通常会上涨。

上吊线特征：a.出现在上升途中，小实体在K线的顶部；b.下影线的长度应该比实体的长度长得多；c.上影线非常短甚至没有。上吊线处在上升趋势中，第二天如果股价下跌，则预示着有可能形成短期头部。图2-13中最长的一根K线即为上吊线。

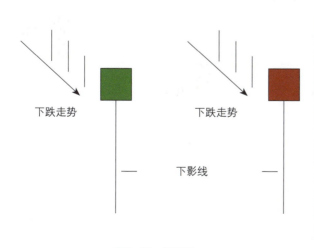

图2-12　锤形线

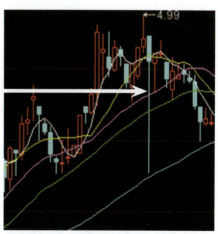

图2-13　上吊线

②倒锤线和射击之星（见图2-14）。倒锤线（倒过来的锤子）特征：a. 此前存在一个明显的下降趋势；b. 在股价下降过程中出现一根带上影线的小实体；c. 上影线的长度一般达到实体的两倍以上，下影线短到可以忽略不计。

倒锤线能否引起趋势反转，第二天的开盘是判断的准则。如果第二天的开盘高于倒锤线实体，则反转概率较大。图2-15中的第五根和第六根K线是典型的倒锤线。

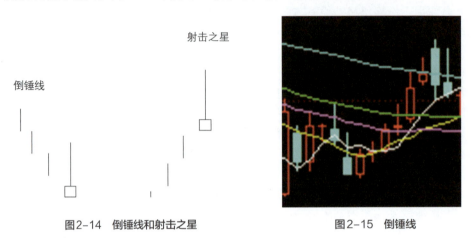

图2-14　倒锤线和射击之星　　　　　　图2-15　倒锤线

射击之星特征：a. 此前存在一个明显的上升趋势；b. 在股价上升过程中出现一根带上影线的小实体并向上跳空高开；c. 上影线的长度至少是实体长度的两倍，下影线短到可以认为不存在。

射击之星形态如果在高位出现，行情下跌的可能性较大。

③鲸吞型（见图2-16）。熊市鲸吞型处在上升趋势中，收盘价比前一天的开盘价低。上升的趋势已经被破坏，上升趋势将要反转。牛市鲸吞型的情况与熊市鲸吞型叙述的情况正好相反，是看涨的组合形态。

④孕育型（见图2-17）。牛市孕育型处在下降趋势进行了一段时间之后，若第二天价格上升建议买进。熊市孕育型处在上升趋势进行了一段时间之后。第二天若价格低开，动摇了多头，引起价格的下降，建议卖出。图2-18的K线组合属于牛市孕育。

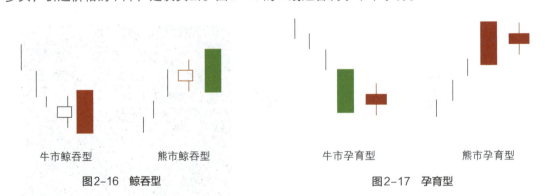

图2-16　鲸吞型　　　　　　图2-17　孕育型

⑤曙光初现（刺穿线）、乌云盖顶。"曙光初现"由两根走势完全相反的较长K线构成，前一天为阴线，后一天为阳线。第二天的阳线向下跳空低开，开盘价远低于前一天的收盘价；但第二天的收盘价却高于前一天的收盘价，并且阳线的收盘价深入第一根阴线的实体部分中，几乎达到前一天阴线实体的一半左右的位置。

在弱市的下跌行情中，连续性"曙光初现"K线组合往往预示着该股具有强烈的反转要求。"曙光初现"K线组合在熊市中应用时，要有一个附加条件，那就是第二根阳线的最低价必须是13个交易日以来的最低价，这主要是用于避免投资者在熊市中贸然追高，防止增大操作风险。但是，若市场趋势向好，股市运行在牛市行情中时，投资者则不必过于拘泥这条规则。

"乌云盖顶"是由两根走势完全相反的较长K线构成，前一天为阳线，后一天为阴线。第二天的阴线开盘价高于前一天的收盘价，收盘价低于前一天的收盘价，并且阴线的收盘价跌入头一天阳线实体的一半以下。

出现在上升趋势的末尾，预示着股价将要回调，而且，第二根阴线实体越长，或者深入第一根阳线的实体越多，回调的可能性越大。

⑥早晨之星、黄昏之星（见图2-19）。"早晨之星"典型的技术表现由三个交易日的K线组成：第一日，在下跌市道中，出现一根实体较长的阴线，空头能量得到进一步宣泄。第二日，出现跳空下跌，K线实体缩短，既可为阴线，又可为阳线，此根K线为晨星的主体部分，如果为阳或阴十字星效果则更佳。第三日，出现阳线，阳线实体能部分或全部吞食第一根阴线的实体，显示出多头已开始了初步的反攻。黄昏之星的情况与早晨之星正好相反，是上升趋势中的反转的组合形态。图2-20中的十字星属于早晨之星还是黄昏之星？（答案是早晨之星）

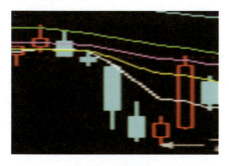

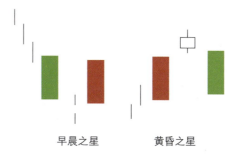

图2-18 牛市孕育　　　　　　　　图2-19 早晨之星和黄昏之星

⑦红三兵（三白兵）、三乌鸦、强弩之末（见图2-21）。红三兵的图形表示大市可能见底回升。它的三根K线，每日收盘价都向上移，武士勇往直前的精神跃然纸上。假如在低价位或者平静的市势内出现此类图形，反映市势回升的机会很高。

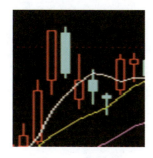

图2-20 早晨之星　　　　图2-21 红三兵、三乌鸦和强弩之末

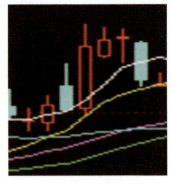

图2-22 强弩之末

值得注意的是，在此图形之内，上升速度缓慢但稳定，每日收盘价都接近全日最高价位。

强弩之末是发生在上升降趋势末期，基本图形如图2-21所示。小实体和缺口说明不确定性有阻止向上移动的必要。强弩之末展示了原来上升趋势的弱化。从图形上看，强弩之末是黄昏之星的"前奏曲"。在上升的过程中，强弩之末的形态出现得越晚，不能继续上升的强弩之末的含义越强。图2-22为强弩之末走势。

三乌鸦发生在上升降趋势末期，基本图形如图2-21所示。三乌鸦呈阶梯形逐步下降。由于出现一根长阴线，明确的趋势倒向了下降的一边。

K线组合有上百种，以上只列举了一些比较常见和容易辨别的组合。投资者可参考其他K线讲解书籍详细研究。

应用K线组合应注意，K线及K线组合是对多空双方争斗做出的描述，其分析结论是相对的，只是对涨跌概率的预测。要尽量使用根数多的K线组合的分析结论。

**小常识：缺口**

在进行盘面分析的过程中，我们经常会遇到一些没有成交价格区间的特殊的现象或跳空高开或跳空低开的字眼。这都和"缺口"有关。

缺口就是没有交易的价格范围。由于受到利好或利空消息的影响，股价大幅度上涨或下跌，致使股价的日线图出现当日成交最低价超过前一交易日最高价或成交最高价低于前一交易日最低价的现象。通常情况下，如果缺口不被迅速回补，表明行情有延续的可能；如果缺口被回补，表明行情有反转的可能。

缺口可分为普通缺口、突破缺口、持续性缺口、消耗性缺口，如图2-23所示。

①一般来说，普通缺口与消耗性缺口都会在几天内被封闭。它们都发生在密集成交区附近，但普通缺口在形态内发生，而突破性缺口则在超越密集区时发生。持续性缺口则没有密集成交区，是在股价急速变动途中出现。

②突破缺口表明股价变动方向的确定，持续性缺口则是股价接近中点的信号，而消耗性缺口表明股价已近终点。前两种缺口不能被封闭，后一种缺口则在不久即被封闭。

③在股价上升一段时间后，若出现一个跳空缺口，且当天或隔天成交量非常大，且短期内难以再创新高，则很可能是消耗性缺口。

图2-24是万科（000002）2017年5月12日至7月7日的日K线图。从下至上正好是突破缺口、持续性缺口和消耗性缺口。

**（5）道氏理论（趋势理论）**

道氏理论是所有技术研究的开山鼻祖，其创始人是查尔斯·道。他和好朋友爱德华·琼斯建立了道·琼斯财经新闻服务社。

道氏理论的建立基于以下主要原理。

①平均价格指数可以反映和解释市场的大部分行为，平均价格涵盖一切信息。

②市场波动具有某种趋势。

③股票价格运动有三种趋势。

主要趋势（大潮）持续一年或一年以上。

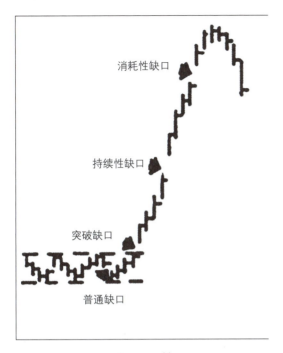

图2-23　缺口　　　　　　　　图2-24　万科K线图

主要上升趋势的三个阶段：第一阶段，股价恢复阶段（累积盘整阶段）；第二阶段，上升阶段；第三阶段，价格达到顶峰，市场一片繁荣，股价水平超出了其内在价值。其结束的标志是下降趋势，进入盘整，即将进入空头市场。

主要下降趋势的三个阶段：第一阶段，股价回落阶段（累积盘整阶段）；第二阶段，下降阶段，大多数投资者开始出货；第三阶段，价格在低位盘旋，市场一片悲观，最后，绩优股、蓝筹股也持续下跌。

次级趋势（波浪）持续几周到几个月。

短期趋势（波纹）持续数小时到数日。

唯一可被操纵的是短期趋势。主要趋势是道氏理论的精华与核心。

道氏理论的应用，简单地说就是研判趋势。趋势就是股票价格的波动方向，或者说是股票市场运动的方向。趋势的方向包括上升方向、下降方向、水平方向，水平方向也就是无趋势方向。

应用道氏理论来研判大势，而不是指出应该买卖哪只股票。判断的依据是价格指数，同时辅以成交量。

道氏理论有其合理成分：①具有合理的理论内核和严密的逻辑，指出了股市循环与经济周期的关系，有助于对股市未来趋势的预测。②按道氏理论编制的股票价格指数是经济运行的晴雨表。③该理论是其他各种技术分析方法的理论基础。

道氏理论存在的缺陷：①只推断股市的大势所趋，而不能推断出大趋势里的升幅或跌幅会到何种程度。②强调主要趋势的变化，发出的确认信号会出现明显的滞后。③不能提示投资者如何买卖个股，对中短期投资者意义不大。

（6）波浪理论

波浪理论是技术分析大师R.E.艾略特（R.E.Elliot）所发明的一种价格趋势分析工具。它是一套完全靠观察得来的规律，可用于分析股市指数、股票价格的走势。它也是全球股市分析运用最多但又最难于了解和精通的分析工具。

艾略特认为，不管是股票还是商品的价格的波动，都与大自然的潮汐的波浪一样，一浪跟着一浪，周而复始，具有相当程度的规律性，展现出周期循环的特点，任何波动均有迹可循。因此，投资者可以根据这些规律性的波动预测价格未来的走势，在买卖策略上实施试用。图2-25是波浪理论的基本走势演示图，图2-26是比较复杂的走势，大浪里面还包含小浪，但基本形态和图2-25是一致的。

图2-25 波浪理论的基本走势演示图　　　　图2-26 波浪理论的复杂走势演示图

波浪理论指出，股价指数的上升和下跌会交替运行。推动浪和调整浪是价格波动的两个最基本形态，而推动浪（与大势走向一致的浪）可以再分割成5个小浪，一般用第1浪、第2浪、第3浪、第4浪、第5浪来表示。调整浪可以划分成3个小浪，通常用A浪、B浪、C浪表示。在上述8个波浪完成之后，一个循环即告完成，走势将进入下一个8浪循环。时间的长短不会改变波浪的形态，因为市场仍会依照基本形态发展。波浪可拉长，也可以缩短，但其基本形态永恒不变。

以下对各个浪进行详细说明，如图2-27所示。

①1浪。几乎半数以上的1浪，是属于营造底部形态的第一部分，第1浪是循环的开始。由于这段行情的上升出现在空头市场跌势后的反弹和反转，买方力量并不强大，加上空头继续存在卖压，因此，在此类1浪上升之后出现的2浪调整回落时，其回档幅度往往很深。另外，半数的1浪出现在长期盘整完成之后。在这类1浪中，其行情上升幅度最大。依经验来看，1浪行情的涨幅通常是5浪中最短的行情。

②2浪。这一浪是下跌浪。由于市场投资者以为熊市尚未结束，其调整下跌的幅度相当大，几乎吃掉1浪的升幅。当行情在此浪中跌至接近底部（1浪起点）时，市场出现惜售心理，卖盘压力逐渐衰竭，成交量也逐渐萎缩时，2浪调整才会宣告结束。在此浪中经常出现转向形态，如双底、双顶（详见形态分析）。

③3浪。3浪的涨势往往是最大、最具爆发力的上升浪，这段行情持续的时间与幅度经常是最长的。市场投资者信心回复，成交量大幅上升，常出现传统图表中的突破信号，这段行情走势非常激烈，一些图形关卡，非常轻易地被穿破，尤其在突破1浪高点时，是最强烈的买进信号。由于3浪涨势激烈，经常出现延长波浪的现象。

④4浪。4浪是行情大幅劲升后的调整浪，通常以比较复杂的形态出现，经常出现倾斜三

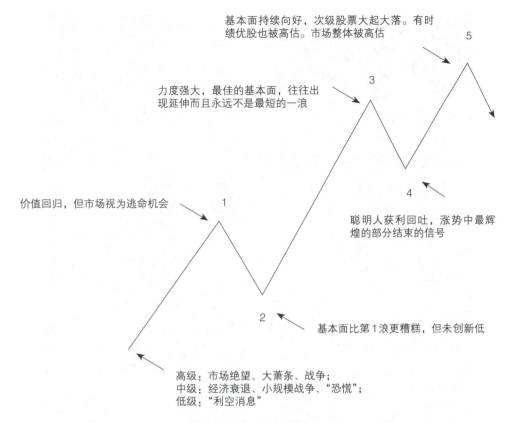

图2-27　波浪理论

角形的走势（详见形态分析），但4浪的低点不会低于1浪的高点。

⑤5浪。5浪的涨势通常小于3浪，且经常出现失败的情况。在5浪中，二三类股票通常是市场内的主导力量，其涨幅通常大于一类股（蓝筹、大盘），即投资人士常说的鸡犬升天，此期市场情绪空前乐观。

⑥A浪。市场投资者大多数认为上升行情尚未被逆转，此时仅为一个暂时的回调。实际上，A浪的下跌，在5浪中通常已有警告信号，如成交量与价格走势背离或技术指标上的背离等，但由于此时市场仍很乐观，A浪有时会出现平势调整或者之字形态运行。

⑦B浪。B浪表现经常是成交量不大，一般而言是多头的逃命线，然而由于是一段上升行情，很容易让投资者误以为是另一波段的涨势，形成多头陷阱，许多投资者在此期间惨遭套牢。

⑧C浪。C浪是一段较强的下跌浪，跌势较为强劲，跌幅大，持续时间较长久，而且出现全面性下跌。

图2-28是兴业证券（601377）2017年6月12日至8月11日的股价走势，有一个比较明显的12345推动浪和ABC调整浪。

波浪理论家对现象的看法不统一，每一个波浪理论家，包括艾略特本人，很多时候会受一个问题的困扰，就是一个浪是否已经完成而开始了另外一个浪。差之毫厘，失之千里。看错的后果可能十分严重。怎样才是一个完整的浪，也无明确定义，在股票市场的升跌次数绝大多数不按5升3跌这个机械模式出现。

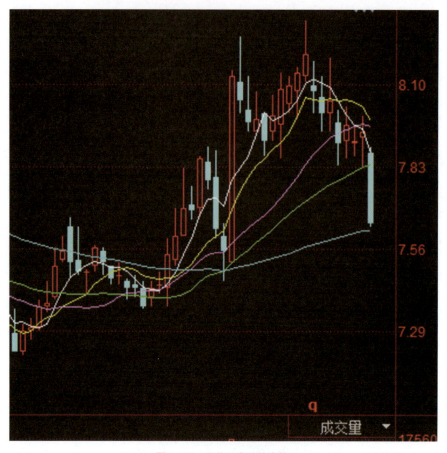

图2-28 兴业证券股价走势

（7）切线分析

切线理论认为股票投资"顺势而为"是非常重要的，这种势就是趋势。趋势又分为短期、中长期限趋势。怎样判断和把握这些趋势的转变就成为投资者关注的核心，或者说投资者都希望在下降趋势转为上升趋势的时候买入股票，而又希望在上升趋势转为下降趋势的时候卖出股票。那么怎样才能区分是短期、中期还是长期趋势的转变呢？利用趋势线无疑是最为简单和有效的方法之一，而"一条直线闯股市"正是对趋势线重要性和实用性的高度概括。

①支撑线与压力线。当股价跌到某一较低的价位时，随即出现较强的买盘，股价停止下跌，有时还会出现反弹；当股价涨到某一较高价位时，马上出现较大的卖单，股价随即停止上涨，或者转而下探。

支撑线（抵抗线）是一系列股价之谷的连线。当价格跌到某个价位附近时，价格停止下跌，甚至有可能回升。这个起着阻止价格继续下跌或暂时阻止价格继续下跌的价格就是支撑线所在的位置。

压力线（阻力线）是一系列股价之峰的连线。当价格上涨到某价位附近时，价格会停止上涨，甚至加速回落。这个起着阻止或暂时阻止价格继续上升的价位就是压力线所在的位置。

支撑线和压力线的作用是阻止或暂时阻止价格向一个方向继续运动。同时，支撑线和压力线又有彻底阻止价格按原方向变动的可能。要维持这种趋势，保持原来的变动方向，就必须冲破阻止其继续向前的障碍。

支撑线与压力线的转化如图2-29所示，当一个上升趋势要继续维持下去时，股价就必须突破压力线的阻止制约向上突破。这种突破一旦确立，那么原来的压力线就转化成为股价上升趋势在今后一段时间内的支撑线。

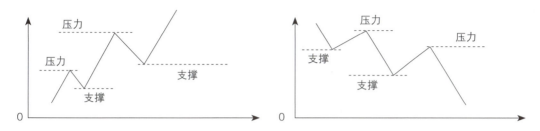

图2-29　支撑线与压力线的转化

当一个下降趋势要继续下去时，股价就得向下突破支撑线的抵抗制约向下突破。这种突破一旦确立，则原来的支撑线就转化为股价在将来一段时间内的压力线。

互换或转化的条件是被有效的足够强大的价格变动突破。

图2-30是中国船舶（600150）从2016年6月15日至2017年5月18日的技术分析走势图。从上至下四根带箭头的线条分别是：第一根压力线，被突破后股价有一次比较大幅度的上涨，最高涨至32.47元；第二根支撑线，被向下突破后经历了长时间大幅度的下跌；第三根压力线，被突破后股价大幅上涨；第四根支撑线，未有效突破，达到第一次下跌的低点后，迎来反弹，并未继续下跌。

图2-30　中国船舶（600150）技术分析走势图

②趋势线和轨道线

a. 趋势线。趋势线是衡量价格波动的方向的，由趋势线的方向可以明确地看出价格的趋势。要得到一条真正起作用的趋势线,要经多方面的验证才能最终确认。首先,必须确定有趋势存在;其次,画出直线后,还应得到第三个点的验证才能确认这条趋势线是有效的。

将图形中的两个低点连成一条直线,即构成上升趋势线;将图形中的两个高点连成一条直线,即构成下降趋势线,如图2-31所示。第2个低点必须高于第1个低点才能得出上升趋势线;第2个高点必须低于第1个高点才能得出下降趋势线。

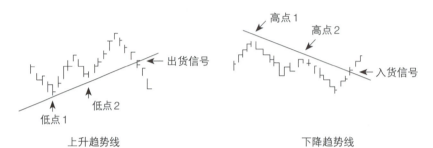

图2-31　趋势线

找出两个明显的低点,连成一条直线,这一段中的所有价格都应位于这条直线上方,这条线才能成为上升趋势线;相反,两个高点连成的直线,这一段中所有价格都应位于这条线的下方,这样才能形成下降趋势线。另外,还需取第3点来验证它的有效性,如果第3点没有突破趋势线,则说明该趋势线的有效性得到了验证。图2-32是紫金矿业(601899)从2017年5月10日至8月11日的走势图,可以连接两个低点画出一条上升趋势线,并能得到第三个低点的验证。

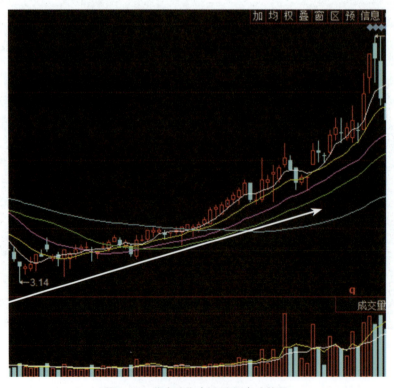

图2-32　紫金矿业(601899)走势图

一条趋势线一经认可,就可以使用这条趋势线来对价格进行预测。对价格今后的变动起约束作用,使价格总保持在这条趋势线的上方(上升趋势线)或下方(下降趋势线)。趋势线被突破后,就说明价格下一步的走势将要向相反的方向运行。

b. 轨道线。轨道线又称通道线或管道线,是指在两条平行的压力线与支撑线之间形成的上升或下降轨道线,是基于趋势线形成的。在已经得到了趋势线后,通过第一个峰和谷可以做出这条趋势线的平行线,这条平行线就是轨道线。

两条平行线组成一个轨道,这就是常说的上升和下降轨道。轨道的作用是限制价格的变动范围。对上面的或下面的直线的突破将意味着有一个大的变化。与突破趋势线不同,对轨道线的突破并不是趋势反向的开始,而是趋势加速的开始。

轨道线对于短线投资者是最有效的工具之一。

图2-33是中国船舶(600150)从2017年5月22日至8月15日的走势图,可以看到这一期间,股价始终在高位24.98元至低位21.03元波动。白色线条即为轨道线。

图2-33 中国船舶(600150)走势图

切线分析还包括黄金分割线、百分比线、速度线、甘氏线等。在实际应用中不如上述趋势线、支撑线、压力线等方便,在此不再赘述。

(8)形态分析

形态分析是一种直接从历史价格图表上去分辨股价变动趋势的分析方法。股价经过一段时间的盘档后,在图上即形成一种特殊区域或形态,不同的形态显示出不同意义。我们可以从这些形态的变化中摸索出一些规律。

建立股票形态分析基于以下几种假设的成立。

①股票是具有典型统计特性的事物,它是按规律运行的。

②历史走势特别是近期走势对后来形态具有直接的影响。

③股票的上涨是交易能量积累的结果,其中主动性买盘中大单交易的影响具有决定意义。反之,股票的下跌也是能量释放的结果,其中主动性卖盘中大单具有决定性的影响。

④具有一定规模的上涨一定是主力促成的,不能希望散户抬起一只股票。而有一定规模的下降则主要是散户所为。

⑤所有的股票中都有主力存在,只是它们的性质不同,强弱不同,善恶程度不同,表现方式不同。表现主力所有性质和意图的最好方式是K线图。因为现有的股票信息除了K线外都可以低成本造假。K线是实实在在用金钱堆起来的,也就是说K线造假是所有股票虚假信息

中成本比较高的。

按股票信息的来源划分，不外乎以下几种：一是公司现场调研，取得的第一手信息；二是基于所占有的资料进行的分析，即上市公司通过正规渠道披露的信息，如财务报表、相关公告等；三是通过不正规渠道进行传播的信息，也就是人们通常说的小道消息。股票形态就像一个大笼子，它把股票的一切信息进行合成，最终显示为一幅图画。不论是公司的经营状况，还是主力的意图最终都会无一遗漏地反映在这幅神奇的图上。

从各个方面进行比较，选择形态分析方法是一种成本最低、可信度最高、最易得手的股票分析方法。它是散户在股市立足的必然选择。

股票的形态是有其必然性的，也就是说，一只股票的形态的形成，是必然按它特定的规律往前走的，这主要基于以下因素。

①股价是由主力掌握的。主力的操作方法有很多种，但进货—拉升—出货是铁律，少了任何一个环节，这个操作就没有完成。进货有进货形态，拉升有拉升形态，出货有出货形态，这三个环节最终会清楚地摆上K线图。主力的操作手法的区别在于时间的长短、拉升的幅度和出货的方法。但有一条，他们是为了赚钱，这种游戏规则是永恒的。

②后期形态必然是先期形态的结果。万事万物都有因果关系，这是一个哲学定理，股票当然不能例外，可以说，具有统计特性的股票在这一点上有过之无不及。没有前面的积累，就不会有后面的拉升，相反，没有前期的抛售，也不会有后期的急跌。从这一点来说，形态分析理论其实与波浪理论、均线理论、箱体理论等很多经典的股票理论是暗合的。

图表形态分析法主要有两种。

一是反转形态，通常意味着趋势正在发生转折，主要反转形态分为头肩（M）形、W顶和底、三重顶和底、圆弧形顶和底、V形顶和底。其他还有复合头肩形态、潜伏底等。

二是整理形态，显示市场很可能仅仅暂时做一段时间的休整，随后将产生突破行情，主要整理形态分为三角形整理、对称三角形、上升三角形、下降三角形、发散三角形，还有菱形、楔形、旗形、箱形等。

①反转形态。反转形态指股价趋势逆转所形成的图形，亦即股价由涨势转为跌势，或由跌势转为涨势的信号。

A. 头肩顶。一个完整的头肩顶形态包括左肩、头部和右肩，分别为图2-34中的1、3和5。

a. 左肩部分表示持续一段上升的时间，成交量很大，过去在任何时间买进的人都有利可图，于是开始获利沽出，令股价出现短期的回落，成交量较上升到其顶点时有显著的减少。

b. 头部表示股价经过短暂的回落后，又有一次强力的上升，成交量亦随之增加。不过，成交量的最高点较之于左肩部分明显减退。股价升破上次的高点后再一次回落。成交量在这回落期间亦同样减少。

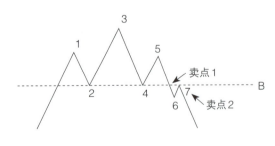

图2-34　头肩顶

c. 右肩部分表示股价下跌到接近上次的回落低点又再获得支持回升，可是市场投资的情绪显著减弱，成交较左肩和头部明显减少，股价没法抵达头部的高点便告回落，于是形成右肩部分。

d. 突破表示从右肩顶下跌穿破由左肩底和头部底所连接的底部颈线，其突破颈线的幅度要超过市价的3%以上（颈线类似于支撑线及压力线，头肩顶之颈线取之于左肩底点与右肩底点的连线）。

简单来说，头肩顶的形状呈现三个明显的高峰，其中位于中间的一个高峰较其他两个高峰的高点略高。至于成交量方面，则出现梯级型的下降。图2-35是中国石油（601857）从2017年7月14日至8月16日的股价走势图，呈现出比较明显的头肩顶形态，后市是否继续下跌，则要看是否突破前期左肩低点（蓝色60日均线在此可当做颈线）。

头肩顶是一个不容忽视的技术性走势，我们从这形态可以观察到多空双方的激烈争夺情况。初时，看好的力量不断推动股价上升，市场投资情绪高涨，出现大量成交。经过一次短期的回落调整后，那些错过上次升势的人在调整期间买进，股价继续上升，而且攀越过上次的高点。表面看来市场仍然健康和乐观，但成交已大不如前，反映出买方的力量在减弱中。那些对前景没有信心和错过了上次高点获利回吐的人，或是在回落低点买

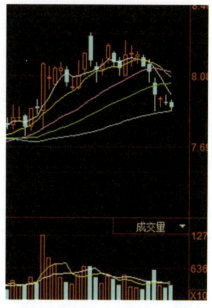

图2-35　中国石油（601857）股价走势图

进作短线投机的人纷纷沽出，于是股价再次回落。第三次的上升，为那些后知后觉错过了上次上升机会的投资者提供了机会，但股价无力升越上次的高点，而成交量进一步下降时，差不多可以肯定过去看好的乐观情绪已完全扭转过来。未来的市场将是疲弱无力，一次大幅的下跌即将来临。

分析头肩顶形态要注意以下方面。

a. 一般来说左肩和右肩的高点大致相等，部分头肩顶的右肩较左肩为低。但如果右肩的高点较头部还要高，形态便不能成立。

b. 如果其颈线向下倾斜，显示市场非常疲乏无力。

c. 成交量方面，左肩最大，头部次之，而右肩最少。不过，根据有些统计所得，大约有三分之一的头肩顶左肩成交量较头部为多，三分之一的成交量大致相等，其余的三分之一是头部的成交量大于左肩。

d. 当颈线跌破时，不必成交量增加也该信赖，倘若成交量在跌破时激增，显示市场的抛售力量十分庞大，股价会在成交量增加的情形下加速下跌。

e. 在跌破颈线后可能会出现暂时性的回升（后抽），这种情形通常会在低成交量的跌破时出现。不过，暂时回升应该不超越颈线水平。

f. 头肩顶是一个杀伤力十分强大的形态，通常其跌幅大于量度出来的最少跌幅。

g. 假如股价最后在颈线水平回升，而且高于头部，又或是股价于跌破颈线后回升高于颈线，这可能是一个失败的头肩顶，不宜信赖。

头肩顶形态是一种最典型、最具杀伤力的形态，有人形象地称它为"魔鬼头"。

B. 头肩底。"头肩底"形态在K线分析中占有相当重要的地位，一个真正完善有效的形态形成之后，能量相当巨大。因此，能够正确认识到"头肩底"形态并及时介入的投资者，往往能够获得较丰厚的利润。

头肩底与头肩顶形态都是出现频率较高，且可靠性较高的一种反转形态。在头肩底形态

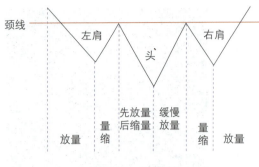

图2-36 头肩底

中,至少会有5次局部反向运动,头肩底的3个局部底点依次称为左肩、底和右肩,两次反弹高点连线称颈线,该线的突破即为新趋势的正式开始(见图2-36)。头肩顶与此相似,只是方向相反而已。

它形成的原理是,当股价经过长期下跌之后,终于在低位出现一次反弹,说明买方已初具抵抗能力。由于下跌趋势并未改变,所以股价二次下跌。第二次下跌创出新低并出现恐慌性抛售,同时很快回升,反映出下跌能量已充分释放。第三次下跌未能达到头部低点即获支撑并回升,说明买方力量已占上风,趋势已有发生逆转的倾向。当两次反弹形成的高点连线(即颈线)被放量突破后,显示多方已控制大局,向上趋势确立。

股价波动形态里除了头肩形外,还会出现复杂的图形,由两右肩、两左肩与一头或二头组成,称为复合头肩顶(底),因此,技术分析者在取颈线时就较为困难。一般来说,最简单而有效的方法就是取最靠近头部的左肩底与右肩底两点连线的延伸线。

图2-37是浙大网新(600797)走势图,属于复合头肩底,突破右肩后连续上涨。

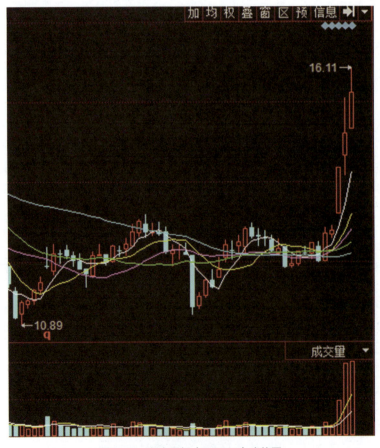

图2-37 浙大网新(600797)走势图

C. 双(三)重顶和双(三)重底——M头和W底。这类形态的思路和头肩形态大致一样，只是少了头部。重点同样是观察能否突破颈线。

图2-38是深圳成指2017年4月6日至7月12日走势图，图中标注是W底形态的颈线。突破后持续上涨，接近前期高点。

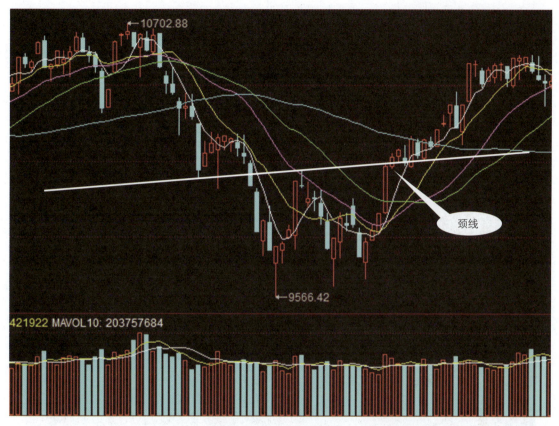

图2-38 深圳成指走势图

另外，反转形态还包括圆弧顶(底)、V形和反V形。分析的重点还是前期高点或低点的位置。在此举一个反V形的例子，其他不再赘述。图2-39是荣盛发展（002146）2017年3月21日至5月24日股价走势图，是一个比较明显的倒V形。股价在利好消息的刺激下，连续三天一字涨停，而后又继续跳空高开，在涨至15.55元最高价后，开始大幅下跌，两根大阴线应该引起投资者警觉，后期一直持续下跌接近至前期低点后，股价才开始稳住。这个例子也提醒投资者，炒股过程中收益与风险的关系：要想获得高收益，就必须承担股价大幅快速下跌的风险。

一般比较容易出现明显反转形态的股票，都是一些热门概念股，比较容易受到大量投资者追捧。这类股票的风险也比较大。

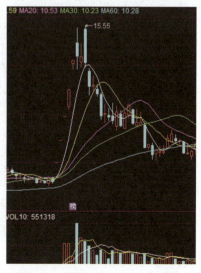

图2-39 荣盛发展（002146）走势图

### 雄安新区概念股

2017年4月，中共中央、国务院印发通知，决定设立河北雄安新区。雄安新区位于河北省雄县、容城、安新3县，是继深圳经济特区和上海浦东新区之后又一具有全国意义的新区。消息一出，雄安新区概念股连续大涨，后来又经历了反复大跌及大涨波动。投资者请观察以下两只股票。图2-40是博天环境（603603）2017年5月3日至8月18日走势图，先是在利好消息刺激下，连续大涨，期间有两次跳空高开，然后主力获利回吐，又开始持续下跌，走出了一个倒V形，股价跌至前期低点左右开始反弹。错过第一次大涨的投资者，在热点效应持续发酵过程中，若能在前期低点附近购入该股，便可期待正V形走势。

图2-40　博天环境（603603）走势图

图2-41是栖霞建设（600533）自2017年4月以来，股价经历数次大涨大跌的走势图，从形态上看分别为M头、倒V形和W底。如果投资者能把握好前期低点与高点，便可低买高卖，获利丰厚。

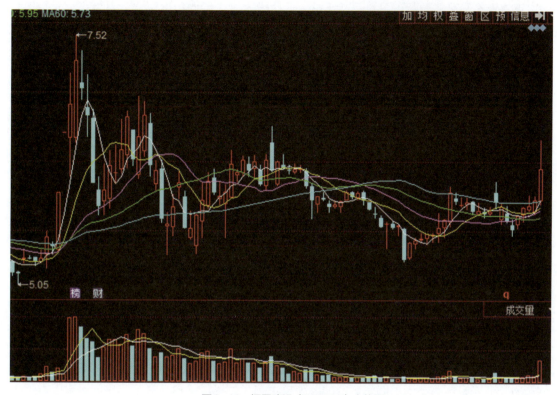

图2-41　栖霞建设（600533）走势图

②整理形态

A. 上升三角形。在股票指数的K线图中，在每日分时动态走势图中，我们常可看到因多空双方激烈搏斗而形成的直角三角形图形。这种图形是由一条水平线与另一条斜线相交构成的。若顶线为水平，表示若干次级波动的高点均在某一价位附近，而斜线由左向右上倾，则表示次级波动的低点价位较上次低点价位高，从而形成直角三角形中的一种形式——上升三角形。

上升三角形表明在多空较量中形成某一价位。这一价位具有如下特征，即一旦股价触及这一价位不会停留很久，便出现回落，构成卖方的股票供给压力带，而股价回落后便有买盘进入，再度向卖方压力带挑战，触及压力价位后便又回档，但回档的低点高于前一低点，买方力量一次比一次频繁地向卖方压力带挑战，这种挑战—回落—再挑战的激战多次重复，瓦解了卖方斗志，并逼空翻多转向加入买方阵营，预示着卖方的崩溃。这种图形往往也被用于市场主力故意压低股价，达到逢低吸筹的目的。

研判上升三角形要注意以下要点。

a. 上升三角形一般见于整理形态，其走势的最终方向较易判别——上升三角形图形构造完毕意味着股价上升。根据资料统计，与此相反的例外情况不到20%。

b. 上升三角形的成交量一般是逐步递减，直到水平顶线被有效突破时，成交量相应放大，放大的数量递增应较显著。若股价向上突破而成交量没有相应跟上，则警惕可能构成假突破，上升三角形有失效的可能。

c. 若在下跌趋势末期出现上升三角形形态时，投资者应作买进计划。若在上升趋势的末期出现本形态，可能预示着股价反转下跌，此时投资者应考虑卖出股票。因为此时形态不属于整理形态而属于反转形态。图2-42为上升三角形形态，交点为突破点。

图2-42　上升三角形形态

B. 下降三角形。直角三角形形态中的另一种就是下降三角形。直角三角形底线为水平线，表示股价回档的低点均在同一价位上，形成一条股票需求的支撑线。斜线在底线上方，从左向右下倾斜，表示股价的次级波动的高点一次比一次要降低，反映股票的供给力量快于出货的速度，形成下降三角形形态。

下降三角形表明在多空较量中形成某一价位。这一价位具有如下特征，即一旦股价从上回落到这一价位便会产生反弹，构成买方的股票需求支撑带，而股价反弹后便又遇卖盘打压，再度回落至买方支撑带。再次反弹高点不会超前一高点，卖方的抛压一次比一次快地压向买方阵地。这种打压——反弹——再打压的向下蓄势姿态，逐渐瓦解买方斗志，产生多杀多的杀多市况，预示买方阵线的最终崩溃。这种图形往往被市场主力用于清仓出货最后凶猛打压股价的目的，上海股市一些暴跌走势往往就是这种图形。

研判下降三角形（见图2-43）要注意以下要点。

a. 下降三角形一般多见于整理形态，其走势的最终方向也很易判别——下降三角形预示着股价下降。根据资料统计，与此相反的例外现象不到15%。

b. 下降三角形的成交量一般是逐步递减，直到水平底线被有效突破。与上升三角形明显不同的是下降三角形向下突破时，不需要成交量的配合，即可以无量空跌。当然，若成交量放大则下降动量增大。

c. 下降三角形若相反向上突破，则必须以大成交量来验证；向下突破后，股价应有一回升，若回升受阻于底线之下则形态意义成立，否则图形失败。

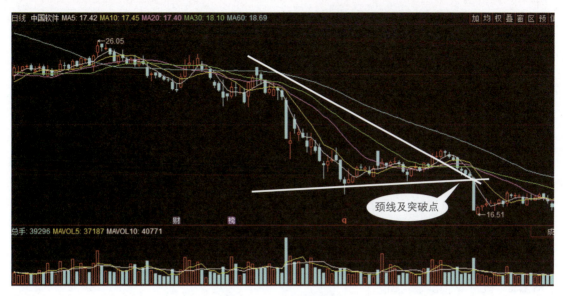

图2-43 下降三角形形态

三角形形态还包括对称三角形及扩散三角形（喇叭形）（见图2-44），思路同上，不再赘述。

③旗形。古战场中常有这样的情景：一番激战之后，得胜的一方高举战旗乘胜追击，旗帜被风吹得猎猎作响，而战败一方倒拖着旗帜落荒而逃。当类似情景在股市上出现时，我们便称之为旗形整理。

旗形走势就如同一面挂在旗杆上的旗帜，这种图形经常出现在急速、大幅变动的市况中。股价经过一连串紧密短期波动后，形成一个略与原走势呈反方向倾斜的平行四边形，这种图形又可再分为上升旗形与下降旗形。

经过一段陡峭的上升行情后，股价走势形成了一个成交密集、向下倾斜的股价波动密集区域，把这一区域中的高点与低点分别连接在一起，就可看出一个下倾的平行四边形，或称上升旗形。当股价出现急速下跌行情后，接着形成一个波动区域紧密、稍向上倾的价格密集区域，分别把这一个区域中的高点、低点各自相连，即形成一个向上倾斜的四边形，或称下降旗形。

在上升旗形中，先是投资人共同看好股市出现争购现象，促使股价上升到一个短期中的高点，原先买进股票者因上升产生利润而卖出了结。上升趋势受到阻力开始回落，但多数投资者依然看好后市，造成回落速度不快，幅度也不十分大，成交量有不断减少之状，反映做空力量不断减弱。经过一段时间的整理，在成交量的配合下，股价又沿着原来上升的方向急速上升，形成了"上升——整理——再上升"的规律。下降旗形则恰恰与上述情形相反。图2-45为旗形的各种形态。

研判旗形要注意以下要点。

a. 旗形必须在急升或急跌之后出现并且成交量在形态构成期间不断地显著减少。

b. 形态完成后成交量必须剧增，即不论是出现向上或向下发展行情时，成交量均有激增。

c. 如果形态为旗形而成交量与上述不一致时，则该旗形将成为反转形态而非整理形态，即上升旗形在形成期间成交量并未逐渐减少而是不规则或急剧增大，则可能向下突破而非上

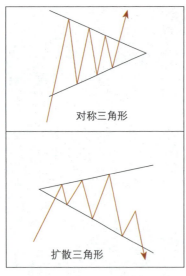

图2-44 对称三角形和扩散三角形

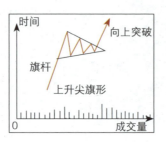
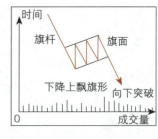
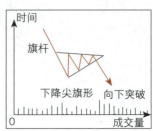

图2-45 旗形的各种形态

升,同理下降旗则会向上发展。

d. 一般来讲,股价应在三周内向预定方向突破,在此限期内特别小心,注意形态与量的关系。

应用形态分析理论最需要注意的问题就是难以判断形态突破的真假。形态识别具有多样性,有时起点不同,形态就不同;而且相同的形态所处的具体位置不同,其所代表的真实含义就不一定完全相同。投资者在运用形态理论分析的时候,一定要留意股票及大盘所处的大势。

(9)指标分析

股票技术指标属于统计学的范畴,一切以数据来论证股票趋向、买卖等,是相对于基本分析而言的。

指标主要分为3大类,即趋向类技术指标;强弱的技术指标;随机买入技术指标。

技术指标在股价K线图的左下方,最下面是各指标名称,如MACD、KDJ、RSI等。指标名称上方是指标图示,如图2-46最下方。

技术分析中的指标有上百个,本书重点介绍比较常见的五个,即MACD、KDJ、RSI、BOLL和W&R。

① MACD。在学习MACD指标前,需要先了解MA。MA是指移动平均线(Moving Average),是以道琼斯的平均成本概念为理论基础,采用统计学中移动平均的原理,将一段时期内的股票价格平均值连成曲线,用来表示股价历史波动的情况,进而反映股价指数未来发展趋势的技术分析方法。它是道氏理论的形象化表述。

移动平均线计算周期分为短期5日、10日,中期30日,长期60日,如图2-46最上方写着MA5、MA10等。

计算方法:

$$MA = (C_1 + C_2 + C_3 + \cdots + C_n) / n$$

式中,$C$为每日收盘价;$n$为计算周期,一般定为5、10、30、60,最常用的是5日、10日、30日移动平均线。

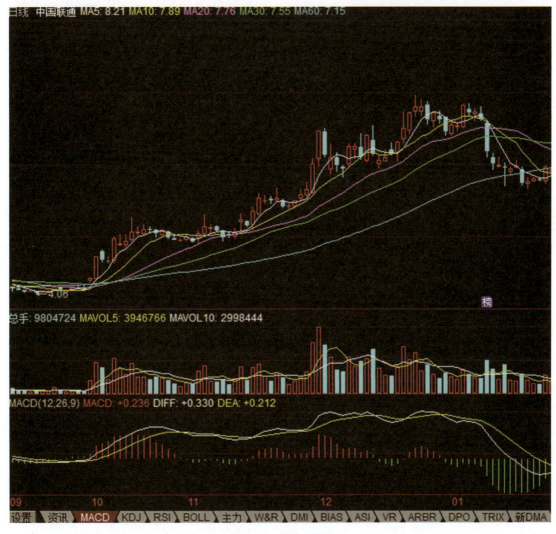

图2-46 股价K线图

移动平均线有如下意义。

a. 上升行情初期,短期均线从下向上突破中长期均线,形成的交叉叫黄金交叉,预示股价将上涨。

b. 当短期均线向下跌破中长期均线形成的叉叫作死叉,预示股价将下跌。

c. 在上升行情进入稳定期,5日、10日、30日均线由上而下依次排列,称为多头排列,股价将大幅上涨。

d. 下跌行情中,5日、10日、30日均线自下而上依次排列,称为空头排列。

图2-47中,白色5日均线向下突破黄色10日均线和紫色20日均线形成死叉后,一直持续下跌,后来形成空头排列。在股价跌至8.45元后,5日线突破10日线和20日线,形成金叉,但后期并未形成多头排列。

MACD即平滑异同移动平均线(Moving Average Convergence Divergence)是Geral Appel于1979年提出的,它是一种利用短期(常用12日)移动平均线与长期(常用26日)移动平均线之间的聚合与分离状况,对买进、卖出时机作出研判的技术指标。

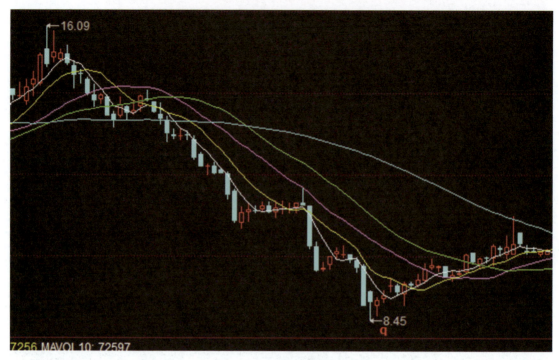

图2-47 移动平均线

MACD由正负差（DIF）和异同平均数（DEA）两部分组成，当然，DIF是核心，DEA是辅助。

DIF是快速平滑移动平均线与慢速平滑移动平均线的差，DIF的正负差的名称由此而来。快速和慢速的区别是进行指数平滑时采用的参数大小不同，快速是短期的，慢速是长期的。以现在常用的参数12和26为例，对DIF的计算过程进行介绍。

a. 快速平滑移动平均线（EMA）是12日的，计算公式为：

今日EMA（12）=2/（12+1）×今日收盘价+11/（12+1）×昨日EMA（12）

b. 慢速平滑移动平均线（EMA）是26日的，计算公式为：

今日EMA（26）=2/（26+1）×今日收盘价+25/（26+1）×昨日EMA（26）

以上两个公式是指数平滑的公式，平滑因子分别为2/13和2/27。如果选别的系数，则可照此法处理。

$$DIF=EMA（12）-EMA（26）$$

有了DIF之后，MACD的核心就有了。单独的DIF也能进行行情预测，但为了使信号更可靠，我们引入了另一个指标DEA。

c. DEA是DIF的移动平均，也就是连续数日的DIF的算术平均。这样，DEA自己又有了个参数，那就是作算术平均的DIF的个数，即天数。

对DIF作移动平均就像对收盘价作移动平均一样，是为了消除偶然因素的影响，使结论更可靠。

d. 此外，在分析软件上还有一个指标叫柱状线（BAR）：BAR=2×（DIF-DEA）

利用MACD进行行情预测，主要是从两个方面进行。

第一，以DIF和DEA的取值和这两者之间的相对取值对行情进行预测。其应用法则如下：DIF和DEA均为正值时，属多头市场。DIF向上突破DEA是买入信号；DIF向下跌破DEA只能认为是回落,做获利了解。DIF与DEA均为负值时,属空头市场。DIF向下突破DEA是卖出信号;DIF向上穿破DEA只能认为是反弹,作暂时补空。

第二,利用DIF的曲线形状,利用形态进行行情分析,最主要的是运用股价与指标的背离进行判断。MACD适用于中线投资,在盘整态时失误很多。此外,也可以根据柱状线的增减进行买卖决策。

当股价指数逐波下行,而DIF及MACD不是同步下降,而是逐波上升,与股价走势形成底背离,预示着股价即将上涨(顶背离反之)。图2-48箭头所示为顶背离,即股价再次上涨的同时指标缓慢下降,后续股价持续大跌。

图2-48 顶背离

第三,当MACD在低位出现两次黄金交叉时,往往有较大的上升行情;当MACD在高位出现两次死叉时,往往有较大的下跌行情。

②KDJ指标。KDJ指标又叫随机指标,是由乔治·蓝恩博士(George Lane)最早提出的,是一种相当新颖、实用的技术分析指标。它起先用于期货市场的分析,后被广泛用于股市的中短期趋势分析,是期货和股票市场上最常用的技术分析工具。

随机指标KDJ一般是根据统计学的原理,通过一个特定的周期(常为9日、9周等)内出现过的最高价、最低价、最后一个计算周期的收盘价及这三者之间的比例关系,来计算最后一个计算周期的未成熟随机值RSV,然后根据平滑移动平均线的方法来计算$K$值、$D$值与$J$值,得出的$K$值、$D$值和$J$值分别在指标的坐标上形成的一个点,连接无数个这样的点位,就形成一个完整的、能反映价格波动趋势的KDJ指标,对于掌握中短期行情走势比较准确。

指标KDJ的计算比较复杂,首先要计算周期($n$日、$n$周等)的RSV值,即未成熟随机值,然后再计算$K$值、$D$值、$J$值等。以日KDJ数值的计算为例,其计算公式为:

$$n日RSV = (C_n - L_n) / (H_n - L_n) \times 100$$

式中，$C_n$ 为第 $n$ 日收盘价；$L_n$ 为 $n$ 日内的最低价；$H_n$ 为 $n$ 日内的最高价。RSV 值始终在 1～100 波动。

其次，计算 $K$ 值与 $D$ 值：

当日 $K$ 值 = 2/3 × 前一日 $K$ 值 + 1/3 × 当日 RSV

当日 $D$ 值 = 2/3 × 前一日 $D$ 值 + 1/3 × 当日 $K$ 值

若无前一日 $K$ 值与 $D$ 值，则可分别用 50 来代替。

以 9 日为周期的 KD 线为例，首先须计算出最近 9 日的 RSV 值，即未成熟随机值，计算公式为：

$$9日RSV=(C-L_9)/(H_9-L_9)×100$$

式中，$C$ 为第 9 日的收盘价；$L_9$ 为 9 日内的最低价；$H_9$ 为 9 日内的最高价。

需要说明的是，式中的平滑因子 1/3 和 2/3 是可以人为选定的，不过目前已经约定俗成，固定为 1/3 和 2/3。在大多数股市分析软件中，平滑因子已经被设定为 1/3 和 2/3，不需要作改动。另外，一般在介绍 KD 时，往往还附带一个 $J$ 指标。

$J$ 指标的计算公式为：

$$J=3D-2K$$

实际上，$J$ 的实质是反映 $K$ 值和 $D$ 值的乖离程度，从而领先 KD 值找出头部或底部。$J$ 值范围可超过 100。

$J$ 指标是个辅助指标，最早的 KDJ 指标只有两条线，即 K 线和 D 线，指标也被称为 KD 指标。随着股市分析技术的发展，KD 指标逐渐演变成 KDJ 指标，从而提高了 KDJ 指标分析行情的能力。另外，在一些股市重要的分析软件上，KDJ 指标的 $K$、$D$、$J$ 参数已经被简化成只有一个，即周期数（如日、周、月等）。而且，随着股市软件分析技术的发展，投资者只需掌握 KDJ 形成的基本原理和计算方法，无须去计算 K、D、J 的值，更为重要的是利用 KDJ 指标去分析、研判股票行情。

和其他指标的计算一样，由于选用的计算周期的不同，KDJ 指标也包括日 KDJ 指标、周 KDJ 指标、月 KDJ 指标、年 KDJ 指标以及分钟 KDJ 指标等各种类型。经常被用于股市研判的是日 KDJ 指标和周 KDJ 指标。虽然在计算时的取值有所不同，但基本的计算方法一样。

KDJ 指标是三条曲线，在应用时主要从五个方面进行考虑：KD 的取值的绝对数字；KD 曲线的形态；KD 指标的交叉；KD 指标的背离；$J$ 指标的取值大小。

第一，从 KD 的取值方面考虑。KD 的取值范围都是 0—100，将其划分为几个区域：80 以上为超买区，20 以下为超卖区，其余为徘徊区。根据这种划分，KD 超过 80 就应该考虑卖出了，低于 20 就应该考虑买入了。应该说明的是，上述划分只是一个应用 KD 指标的初步过程，仅仅是信号，完全按这种方法进行操作很容易招致损失。

第二，从 KD 指标曲线的形态方面考虑。当 KD 指标在较高或较低的位置形成了头肩形和多重顶（底）时，是采取行动的信号。注意，这些形态一定要在较高位置或较低位置出现，位置越高或越低，结论越可靠。

第三，从 KD 指标的交叉方面考虑。$K$ 与 $D$ 的关系就如同股价与 MA 的关系一样，也有死亡交叉和黄金交叉的问题。不过这里交叉的应用是很复杂的，还附带很多其他条件。

以 $K$ 从下向上与 $D$ 交叉为例，$K$ 上穿 $D$ 是金叉，为买入信号。但是出现了金叉是否应该买入，还要看别的条件。第一个条件是金叉的位置应该比较低，是在超卖区的位置，越低越好。第二个条件是与 $D$ 相交的次数。有时在低位，$K$、$D$ 要来回交叉好几次。交叉的次数以 2

次为最少，越多越好。第三个条件是交叉点相对于KD线低点的位置，这就是常说的"右侧相交"原则。K是在D已经抬头向上时才同D相交，比D还在下降时与之相交要可靠得多（见图2-49右下方箭头处）。第四，从KD指标的背离方面考虑。在KD处在高位或低位时，如果出现与股价走向的背离，则是采取行动的信号。第五，J指标取值超过100和小于0，都属于价格的非正常区域，大于100为超买，小于0为超卖。

在使用KD指标时，我们往往称K指标为快指标，D指标为慢指标。K指标反应敏捷，但容易出错，D指标反应稍慢，但稳重可靠。

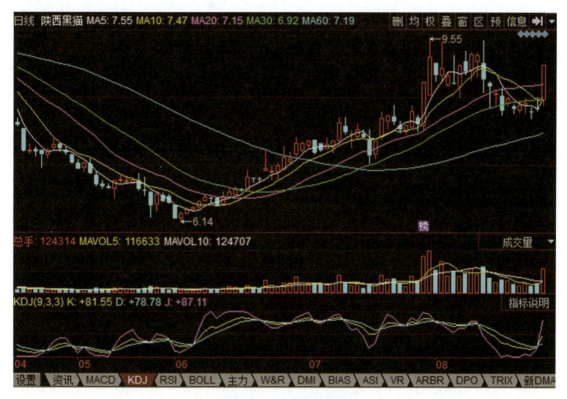

图2-49　KD指标曲线图

③RSI相对强弱指标。强弱指标最早被应用于期货买卖，后来人们发现在众多的图标技术分析中，强弱指标的理论和实践极其适合于股票市场的短线投资，于是被用于股票升跌的测量和分析中。

RSI的原理简单来说是以数字计算的方法求出买卖双方的力量对比，譬如有100个人面对一件商品，如果50个人以上要买，竞相抬价，商品价格必涨。相反，如果50个人以上争着卖出，价格自然下跌。

强弱指标理论认为，任何市价的大涨或大跌，均在0～100变动，根据常态分配，认为RSI值多在30～70变动，通常80甚至90时被认为市场已到达超买状态，至此市场价格自然会回落调整。当价格跌至30以下即被认为是超卖，市价将出现反弹回升。

计算公式：

$$RSI=100\times RS/(1+RS)$$

RS=X天的平均上涨点数/X天的平均下跌点数

如果X取14，那么RS=14天内收市价上涨数之和的平均值/14天内收市价下跌数之和的平均值。

则强弱指标的计算公式如下：

RSI=100×14天内收市价上涨数之和的平均值/（14天内收市价上涨数之和的平均值+14天内收市价下跌数之和的平均值）

举例说明：

如果最近14天涨跌情形是第一天升2元，第二天跌2元，第三至第五天各升3元，第六天跌4元，第七天升2元，第八天跌5元，第九天跌6元，第十至十二天各升1元，第十三至十四天各跌3元。

那么，计算RSI的步骤如下：

第一，将14天上升的数目相加，除以14，上例中总共上升16元，除以14得1.143（精确到小数点后三位）；

第二，将14天下跌的数目相加，除以14，上例中总共下跌23元，除以14得1.643（精确到小数点后三位）；

第三，求出相对强度RS，即RS=1.143/1.643=0.696（精确到小数点后三位）；

第四，1+RS=1+0.696=1.696，

RS/（1+RS）=0.696/（1+0.696）=0.41038；

第五，RSI=100×0.41038=41.038；

14天的强弱指标RSI为41.038。

不同日期的14天RSI值是不同的，连接不同的点，即成RSI的轨迹。何时呈现超买状态，何时呈现超卖状态一目了然，从而使人们较好地掌握买入时机。不过，任何分析工具都有其优点和缺点，技术分析师常常告诫人们，应用RSI的分析不能掉进公式化、机械化的泥潭中，因为任何事物都有特殊情况，RSI超过95或低于15也并不出奇，不要一低于30就入市买进，高于70就抛售，应当结合其他图形具体分析，诸如头肩顶、双顶双底三角形、旗形、放大型、支持线、阻力线等。

应用RSI值应坚持以下原则。

a. 白色的短期RSI值在20以下，由下向上交叉黄色的长期RSI值时为买入信号。

b. 白色的短期RSI值在80以上，由上向下交叉黄色的长期RSI值时为卖出信号。

c. 短期RSI值由上向下突破50，代表股价已经转弱。

d. 短期RSI值由下向上突破50，代表股价已经转强。

e. 当RSI值高于80进入超买区，股价随时可能形成短期回档。

f. 当RSI值低于20进入超卖区，股价随时可能形成短期反弹。

g. 股价一波比一波高，而RSI一波比一波低，形成顶背离，行情可能反转下跌。用RSI判断底部图形较不明显。

h. 将RSI的两个连续低点A、B连成一条直线，当RSI向下跌破这条线时，为卖出信号。

i. 将RSI的两个连续峰顶C、D连成一条直线，当RSI向上突破这条线时，为买入信号。

j. 为了确认RSI是否进入超买区、超卖区或是否穿越了50中界线，应尽量使用长期RSI，以减少骗线的发生。

k. 在股价盘整期间应放弃使用RSI指标，转而观察DMI指标中的ADX是否已经走出泥潭。

I. 在较强的强势涨跌行情中，如果VR及ROC指标显示股价为强势，则放弃使用RSI指标。

④BOLL指标（布林线）。布林线指标（BOLL）是通过计算股价的"标准差"，再求股价的"信赖区间"。该指标在图形上画出三条线（如图2-50最下方，红色、蓝色和绿色三条曲线），其中上下两条线（红线和绿线）可以分别看成是股价的压力线和支撑线，而在两条线之间还有一条股价平均线（蓝色）。布林线指标的参数最好设为20。一般来说，股价会运行在压力线和支撑线所形成的通道中。当股价涨跌幅度加大时，带状区会变宽，涨跌幅度缩小时，带状区会变窄。

一般而言，当股价在BOLL线的中轨线上方运行时，表明股价处于强势趋势；当股价在BOLL线的中轨线下方运行时，表明股价处于弱势趋势。

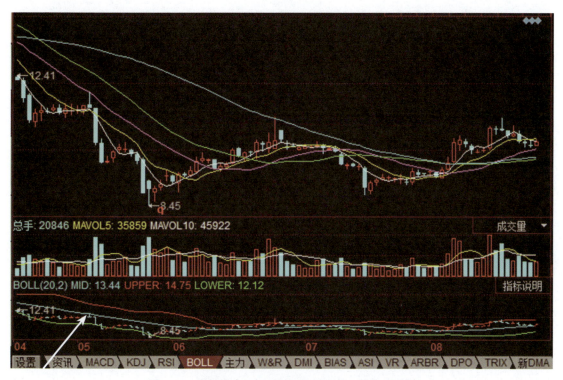

图2-50　布林线（上中下轨线分别为红线、蓝线、绿线）

BOLL指标上、中、下三轨线存在如下关系。

A. 当布林线的上、中、下轨线同时向上运行时，表明股价的强势特征非常明显，股价短期内将继续上涨，投资者应坚决持股待涨或逢低买入。

B. 当布林线的上、中、下轨线同时向下运行时，表明股价的弱势特征非常明显，股价短期内将继续下跌，投资者应坚决持币观望或逢高卖出。

C. 当布林线的上轨线向下运行，而中轨线和下轨线却还在向上运行时，表明股价处于整理态势之中。如果股价是处于长期上升趋势时，则表明股价是上涨途中的强势整理，投资者可以持股观望或逢低短线买入；如果股价是处于长期下跌趋势时，则表明股价是下跌途中的弱势整理，投资者应以持币观望或逢高减仓为主。

D. 当布林线的上轨线向上运行，而中轨线和下轨线同时向下运行的这种可能性则非常小。

E. 当布林线的上、中、下轨线几乎同时处于水平方向横向运行时，则要看股价目前的走势处于什么样的情况来判断。

　　a. 当股价前期一直处于长时间的下跌行情后开始出现布林线的三条线横向移动时，表明股价是处于构筑底部阶段。投资者可以开始分批少量建仓，一旦三条线向上发散则可加大买入力度。

　　b. 当股价前期是处于小幅上涨行情后开始出现布林线的三条线横向移动时，表明股价是处于上升阶段整理行情。投资者可以持股待涨或逢低短线吸纳，一旦三条线向上发散则可短线加码买入。

　　c. 当股价刚刚经历一轮大跌行情后开始出现布林线的三条线横向移动时，表明股价是处于下跌阶段的整理行情。投资者应以持币观望和逢高减磅为主，一旦三条线向下发散则坚决清仓离场。

　　d. 布林线三条线在顶部横向运动的可能性极小。

　　⑤W&R（威廉指标）。威廉指标全名为"威廉氏超买超卖指标"，属于分析市场短线买卖走势的技术指标。该指标表示的含义是当天的收盘价在过去一段日子的全部价格范围内所处的相对位置，是一种兼具超买超卖和强弱分界的指标。

　　威廉指标是以N日内市场空方的力道（H–C）与多空总力道（H–L）之比率，研判市势。首先要决定周期次数，此日数乃取自一个买卖循环期之半数。在欧美，技术分析专家认为一个买卖循环期为28日，但扣除周六与周日，实际交易为20日，而一个较长的买卖循环期有56日，交易日为40日，因而，威廉指标的周期日数取前20与40日之半数，即使用10日或者20日，也有取更小周期日数5日者。下面以10日威廉指标为例：

$$W\&R = (C_{10} - L_{10}) \div (H_{10} - L_{10}) \times 100\%$$

　　式中，$H_{10}$ 为10日内最高价；$L_{10}$ 为10日内最低价；$C_{10}$ 为第十日收盘价

　　威廉指标是一个随机性很强的波动指标，本质上与KDJ理论中的未成熟随机指标RSV无异。

　　W&R指数值介于0～100。

　　a. 当W&R高于80，即处于超卖状态，行情即将见底，80这一横线水准称为"买进线"。

　　b. 当W&R低于20，即处于超买状态，行情即将见顶，20这一横线水准称为"卖出线"。

　　c. 当W&R由超卖区向上爬升时，只是表示行情趋势转向。若是突破50中轴线，便是涨势转强，可以考虑追买。

　　d. 当W&R由超买区向下滑落，跌破50中轴线，可以确认跌势转强，可以追买。

　　当W&R进入超买区，并非表示行情会立刻下跌，在超买区内的波动，只是表示行情价格仍然属于强势中，直至W%R回头跌破"卖出线"时才是卖出的信号，反之亦然。

　　学习完基本分析和技术分析，我们需要明白，在投资的分析中，有一点是至关重要的，就是不能以偏概全。因为基本分析涉及的内容非常广泛，而技术指标的适应性条件又非常高。也就是说，所有的分析都是有前假设的，任何指标能否说明问题或与股价的变化合拍，是需要综合运用并且认真选取指标的。同时，不可只用基本分析或技术分析，二者各有侧重点。基本分析的目的是为了判断股票现行股价的价位是否合理并描绘出它长远的发展空间，而技术分析主要是预测短期内股价涨跌的趋势。通过基本分析我们可以了解应购买何种股票，而技术分析则让我们把握具体购买的时机。大多数成功的股票投资者都是把两种分析方法结合起来加以运用的。

# 第三章 股票型基金

通过前两章的学习，我们了解了股票的特征、分类及股票投资的分析方法。很显然，股票投资是一种风险较大且专业性比较强的活动，这要求投资者除了具备承担风险的能力，还要认真学习理论知识及具备实战经验，才有可能获得收益。那么现实中有没有一种投资工具，既能让投资者获得较高的收益，同时风险性和对专业能力的要求又不是特别高？答案是肯定的，这种投资工具就是证券投资基金，简称基金。

## 一、证券投资基金的概念及特点

### 1. 证券投资基金的概念

证券投资基金是一种利益共享、风险共担的集合投资方式，它是通过发行投资基金单位，集中投资者的资金，由基金托管人托管，由基金管理人对资金进行统一管理和运用，从事股票、债券等金融工具的投资，并将投资收益按基金持有人（投资者）的投资比例进行分配的一种间接投资方式，如图3-1所示。

基金持有人：指基金投资人，即基金单位或受益凭证的持有人。基金持有人可以是自然人，也可以是法人。基金持有人的权利包括本金受偿权、收益分配权、剩余财产分配权及参与持有人大会表决等。

基金管理人：指负责管理和运作基金资产的机构，根据《中华人民共和国证券投资基金法》的规定，证券投资基金的管理人由基金管理公司担任，简称基金公司。

基金托管人：指依据"管理与保管分开"的原则对基金管理人进行监督和保管基金资产的机构，在我国通常由取得托管资格的商业银行担任。

基金服务机构：包括基金销售机构、注册登记机构、基金投资咨询、注册会计师、律师等中介服务机构。

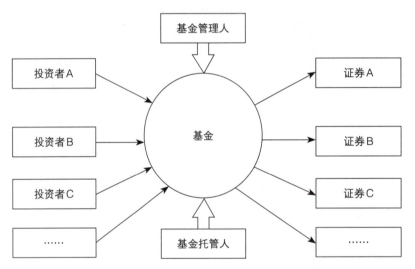

图3-1 证券投资基金概念图示

**小常识：基金公司排名**

基金公司的排名通常是按照规模、收益等来排名，以下为最新排名（2016年）。

①华夏基金（全国首批社保基金投资管理人,企业年金基金投资管理人,华夏基金管理有限公司,总部在北京）

②嘉实基金（国内较早成立的10家基金管理公司,国内较大的合资基金公司之一,嘉实基金管理有限公司,总部在北京）

③易方达基金（十大基金品牌之一,持续回报好的基金公司,企业年金基金投资管理人,企业易方达基金管理有限公司,总部在广州）

④南方基金（国内首批规范的基金管理公司,首批淘宝上线的基金公司之一,南方基金管理有限公司,总部在深圳）

⑤广发基金（国内首批综合类券商之一,全牌照管理资格基金管理公司之一,广发基金管理有限公司,总部在广州）

⑥博时基金（中国基金行业知名品牌,中国资产管理规模较大的基金公司之一,博时基金管理有限公司,总部在深圳）

⑦大成基金（成立于1999年,专注公募基金的募集和管理,具有特定客户资产管理和QDII

业务资格,大成基金管理有限公司，总部在深圳）

⑧华安基金（成立于1988年,开放式基金试点单位,公募基金管理规模较大的企业,华安基金管理有限公司，总部在上海）

⑨工银瑞信ICBC（由国有商业银行直接发起设立并控股的合资基金管理公司,工银瑞信基金管理有限公司,总部在北京）

⑩上投摩根（中国基金行业知名品牌,全球较大金融服务集团之一,上投摩根基金管理有限公司,总部在上海）

**2. 证券投资基金的特点**

①集合投资。基金的特点是将零散的资金汇集起来，交给专业机构投资于各种金融工具，以谋取资产的增值。基金对投资的最低限额要求不高，投资者可以根据自己的经济能力决定购买数量，有些基金甚至不限制投资额大小。

②分散风险。以科学的投资组合降低风险、提高收益是基金的另一大特点。

③专业理财。将分散的资金集中起来，以信托方式交给专业机构进行投资运作，这既是证券投资基金的一个重要特点，也是它的一个重要功能。

④流动性高。投资者可在基金交易日随时申购与赎回基金份额。

概括起来，证券投资基金的主要特征可以描述为集体投资、专家经营、分散风险、共同受益。

# 二、基金的分类

**1. 按照基金设立后能否追加投资份额或赎回投资份额，可以将基金分为封闭式和开放式基金**

（1）封闭式投资基金

封闭式投资基金是指基金规模在发行前已确定，在发行完毕后的规定期限内，基金规模固定不变的投资基金。封闭式投资基金的发起人在设立基金时，限定了基金单位的发行总额，筹集到这个总额后，基金即宣告成立，并进行封闭，在一定时期内不再接受新的投资。基金单位的流通采取在交易所上市的办法，投资者以后要买卖基金单位都必须经过证券经纪商，在二级市场上进行竞价交易（类似股票）。封闭式基金的期限是指基金的存续期，即基金从成立之日起到结束之日止的整个时间。

封闭式基金投资者既可在二级流通市场买卖封闭式份额（通过交易软件），也可持有份额到期赎回。操作方式如下：打开手机交易软件—点击"大盘指数"—点击"其他"—查看"沪深封闭基金"等。交易时输入基金代码即可。

（2）开放式投资基金

开放式投资基金是指基金发起人在设立基金时，基金份额总规模不固定，可视投资者的需求，随时向投资者出售基金份额，并可应投资者要求赎回发行在外的基金份额的一种基金运作方式。投资者既可以通过基金销售机构购买基金使基金资产和规模由此相应增加，也可以将所持有的基金份额卖给基金公司并收回现金，使得基金资产和规模相应地减少。

购买开放式基金有多种途径，可以直接在基金公司的网站上注册，然后登陆购买，也可以通过网上银行购买，还可以通过交易软件购买。这三种方法手续费不尽相同。一般情况下，第一种方法的手续费最低，首先直接在基金公司的网站上购买该公司的某种货币型基金，这是不要任何手续费的，然后再将这种货币型基金转换成其他类型的基金，转换也不收手续费，等于零费率购买了非货币型基金。其他方法只会对购买费率打折，但不会减免。赎回时，基金公司对投资者持有的不同种类基金，根据持有周期及持有份额，收取不同的赎回费。一般持有周期越长、份额越多，赎回费率越低。投资者可在基金公司的网站上查询。

表3-1是截止到2017年7月31日我国开放式基金与封闭式基金的数量。

表3-1 我国开放式基金和封闭式基金的数量（截止到2017年7月31日）

| 类别 | 基金数量/只（2017/7/31） | 份额/亿份（2017/7/31） | 净值/亿元（2017/7/31） | 基金数量/只（2017/6/30） | 份额/亿份（2017/6/30） | 净值/亿元（2017/6/30） |
| --- | --- | --- | --- | --- | --- | --- |
| 封闭式基金 | 406 | 6939.43 | 7167.22 | 397 | 6956.03 | 7163.23 |
| 开放式基金 | 4080 | 95328.66 | 99597.31 | 4022 | 89381.17 | 93560.15 |
| 其中：股票基金 | 731 | 5843.04 | 7180.56 | 718 | 6093.33 | 7286.80 |
| 其中：混合基金 | 1944 | 16563.92 | 18593.73 | 1915 | 17885.11 | 20052.75 |
| 其中：货币基金 | 330 | 58419.35 | 58573.56 | 325 | 50915.62 | 51056.69 |
| 其中：债券基金 | 946 | 13590.36 | 14297.62 | 934 | 13536.67 | 14209.77 |
| 其中：QDII基金 | 129 | 911.99 | 951.84 | 130 | 950.44 | 954.14 |
| 合计 | 4486 | 102268.09 | 106764.53 | 4419 | 96337.20 | 100723.38 |

**名词解释：**

基金资产份额净值：简称基金净值，这是衡量基金业绩的指标。新发行的基金，净值都是1元，随着基金在市场上运作时间的增加，表现各不相同。如果某只基金选择的股票都能持续上涨（即公式里的"基金资产总值"持续上涨），那么基金净值也会上涨超过1元。若股票表现不佳，那基金净值也可能跌破1元，甚至跌至几毛。（表3-1中的净值未除以份额）

基金资产份额净值=（基金资产总值-各种费用）/已出售的基金份额总数

**2. 按照基金的组织形式，可将基金划分为契约型基金和公司型基金**

（1）契约型基金

契约型基金是指由专门的投资机构（银行和企业）共同出资组建一家基金管理公司，基金管理公司作为委托人通过与受托人签订"信托契约"的形式发行受益凭证——"基金单位持有证"来募集社会上的闲散资金。契约型基金由基金投资者、基金管理人、基金托管人之间所签署的基金合同而设立，基金投资者的权利主要体现在基金合同的条款上，而基金合同条款的主要方面通常由基金法律所规范。我国的基金都属于契约型基金。

（2）公司型基金

公司型基金是指基金公司本身为一家股份有限公司，公司通过发行股票或受益凭证的方式来筹集资金。投资者购买了该家公司的股票，就成为该公司的股东，凭股票领取股息或红利、分享投资所获得的收益。公司型基金依据基金公司章程设立，基金投资者是基金公司的股东，享有股东权，按所持有的股份承担有限责任、分享投资收益。

**3. 按照基金投资对象的不同，基金可分为股票型基金、债券型基金、货币市场型基金和指数基金等**

（1）股票型基金

股票型基金亦称股票基金，指的是投资于股票市场的基金。股票型基金依投资标的产业，又可分为各种产业型基金。股票型基金是最主要的基金品种，以股票作为投资对象，包括优先股股票和普通股票。股票基金的主要功能是将大众投资者的小额资金集中起来，投资于不同的股票组合。

（2）债券型基金

债券型基金（债券基金）就是投资于债券的基金，它是一种对债券进行组合投资的形式，是以国债、金融债等固定收益类金融工具为主要投资对象的基金。因其投资的产品收益比较稳定，又被称为"固定收益基金"。根据投资股票的比例不同，债券型基金又可分为纯债券型基金与偏债券型基金。两者的区别在于，纯债券型基金不投资股票，而偏债券型基金可以投资少量的股票。偏债券型基金的优点在于可以根据股票市场走势灵活地进行资产配置，在控制风险的条件下分享股票市场带来的机会。一般来说，债券型基金不收取认购或申购的费用，赎回费率也较低。债券型基金注重当期收益，其风险和收益都低。

（3）货币市场型基金

货币市场型基金是指投资于货币市场上短期（一年以内，平均期限120天）有价证券的一种投资基金。该基金资产主要投资于短期货币工具，如国库券、商业票据、银行定期存单、政府短期债券、企业债券等短期有价证券。基金每份单位始终保持在1元，超过1元后的收益会按时自动转化为基金份额，拥有多少基金份额即拥有多少资产。而其他开放式基金份额固定不变，单位净值累加，投资者只能依靠基金每年的分红来实现收益。

（4）指数基金

指数基金是根据股票和债券对证券指数影响的程度来选择投资的一种投资基金。该投资基金在选择不同股票和债券的投资组合时，往往参照了股价计算的方法，不断将那些对证券指数影响较大的股票或债券作为选择对象，从而使基金的收益随股价指数同步波动，基金的收益同股票市场的平均收益基本持平，该投资基金具有一定的稳定性。

**4. 根据投资来源和运用地域不同，证券投资基金可以分为国内投资资金和海外投资基金**

（1）国内投资基金

国内投资基金是指资金全部来自国内投资者的一种投资基金。

（2）海外投资基金

海外投资基金是指基金的发行对象是境外的投资者，而投资方向是国内的有价证券组合。

## 案例

### 基金名称解读

辨识基金最基础的是看名字叫"股票型"还是"混合型"基金，两种基金代表着不同的风险特征，从而也就适合不同风险要求的投资者。比如"某某混合型证券投资基金"和"某某股票型证券投资基金"的特点截然不同。股票型基金是指80%以上的基金资产投资于股票市场的基金，也就是说，股票型基金投资股票的比例任何时候不能低于80%。股票型基金的特点是中短期波动较大，特别是股市持续低迷时，股票型基金的收益可能比其他类型基金要差。该基金适合风险承受力较高的人及持有期较长的投资。而混合型基金投资于股票和债券的比例比较灵活，看好市场时可提高股票投资比例，反之可以降低股票投资比例，就风险而言要低于股票型基金。在牛市行情下，股票型基金的进攻性很强，而在行情不明朗的时候，混合型基金更灵活，表现可能更好。

货币型基金一般都有"现金"或"货币"及"日日"二字，比如"南方现金通""嘉合货币""太平日日鑫货币"等。

对于基金的名称，国家监管机构有严格的规定，特别是近年来要求基金名称充分体现产品的特征。尽管基金的名称特别是描述性词语部分千差万别，但这类词语往往就是透露基金"个性"的关键词。目前基金名称常用的关键词有"价值""成长""增长""精选""优选""红利""稳健""主题"等。

基金的名称一般不会改变，但投资风格可能由于规模、基金经理的变更而有所变化。投资者在购买了基金之后也不能完全不管，应该在3个月或半年的时间对基金的表现进行观察。

● 价值

典型代表：易方达价值精选、博时价值增长、大成价值增长。

主要特征：稳健。

这类基金的投资风格在股票方向的基金里偏重于价值投资，对大盘蓝筹股和长期价值增长型的上市公司投资较多。所谓价值投资，简单地说就是不追逐市场热点、题材股，而是用长远的眼光寻找有稳定业绩增长的企业。一般来说，这类基金由于重仓股配置多为像银行股、钢铁股、地产股这样表现较为稳健的价值型股票，所以，它们的净值伴随着低换手率、长期持股和较少的炒作也就表现得比较沉稳。

● 成长、增长

典型代表：易方达策略成长、中海优质成长、南方高增长、华宝兴业收益增长。

主要特征：较为激进。

这一类基金最主要的投资风格就是投资于快速发展的成长型企业，积极追逐利益。由于市场热点的变换速度往往很高，因此，基金经理往往买卖股票的频率较高，收益可能较高的同时，风险也高。这类基金的投资风格较为激进，适合于追求高收益的投资者购买，但在敏感时期它们的危险是最大的。

● 精选、优选

典型代表：华夏大盘精选、中邮核心优选、海富通精选、东方精选。

主要特征：投资风格较模糊。

在股票方向基金中，这类基金的投资风格比较模糊，既有侧重于股票型基金的，又有侧重于混合型基金中偏股票型基金的，但总体而言，这类基金的风险和收益都比成长、增长类基金要低。

● 稳健

典型代表：广发稳健增长、南方稳健成长、华夏稳健增长。

主要特征：类似价值类基金，相对保守。

稳健类基金追求的是稳定的回报，投资风格相对要保守一些。在股票仓位和重仓股的选择上会比较谨慎，同时它们也会用较低的换手率和更长远的目光来进行投资，其风格跟价值类基金相似，但是一般该类基金都会与其他基金特征组合，如"稳健增长""稳健成长"，该类型则是在"增长"和"成长"特征的基础上采取保守一些的投资策略，风格要比"增长"和"成长"略保守些。

● 红利

典型代表：友邦华泰上证红利ETF、益民红利成长、中信红利精选、光大保德信红利、华夏红利。

主要特征：以绝对回报作为投资目标。

这类基金往往对分红有特殊规定，以华夏回报基金为例，该基金以绝对回报作为投资目标，当基金份额可分配收益超过一年期定期存款利率，就实施分红。这类基金比较适合需要定期现金收入的投资者。在这里要说明的是，分红型基金分完红之后基金净值会下降，所以投资者是否选择分红型基金应该取决于对现金的要求。若在持有基金期间对现金回报无特别要求的话，分红与否没有优劣之分。

● 主题类基金

典型代表：兴全全球视野、富国天瑞强势地区精选、华夏中小板ETF、景顺长城内需增长、金鹰中小盘精选等。

主要特征：细分主题。

这类基金属于比较细分的品种。该类产品是基金公司专门按不同的投资理念和风格去打造的，像目前较为流行的"能源主题""中国主题""全球主题""消费主题""中小板主题"等，都是基金公司用不同的眼光决定的基金投资方向与风格。这类基金投资的股票一般都会按照自己的主题来选择，所以投资者如果对某些行业或是题材看好，可以购买相关的基金，这加大了基民的参与性，同时也利用基金公司更专业的视角使投资者进行更合理的选择。

**小常识：余额宝**

余额宝服务是将基金公司的基金直销系统内置到支付宝网站中，用户将资金转入余额宝，实际上是进行货币基金的购买，相应资金均由基金公司进行管理。余额宝的收益也不是"利息"，而是用户购买货币基金的收益。用户如果选择使用余额宝内的资金进行购物支付，则相当于赎回货币基金。整个流程就跟给支付宝充值、提现或购物支付一样简单。

余额宝规模目前已超过2500亿元，客户数超过4900万户，天弘基金靠此一举成为国内最大的基金管理公司。

## 三、股票型基金的投资策略

**1. 看基金公司的品牌**

买基金是买一种专业理财服务，因此，提供服务的公司本身的素质非常重要。国内多家评级机构会按月公布基金评级结果。尽管这些结果尚未得到广泛认同，但将多家机构的评级结果放在一起也可作为投资时的参考。此外，还有专家建议，面对国内市场上众多的股票型基金，投资者可优先配置一定比例的指数基金，适当配置一些规模较小、具备下一波增长潜力和分红潜力的股票型基金。

**2. 投资股票型基金应注意风险**

由于价格波动较大，购买股票型基金属于高风险投资。除市场风险外，股票型基金还存在着集中风险、流动性风险、操作风险等，这些也是投资者在进行投资时必须关注的。

投资者购买了一只股票基金，就意味着成为该基金所投资的上市公司的股东。通过股票基金成为上市公司股东后，可能获得两方面利润：一是股票价格上涨的收益，即通常所说的"资本利得"；二是上市公司以"股利"形式分给股东的利润，即通常所说的"分红"。如上市公司经营不当，股价就可能会下跌；若股市出现系统性风险，那股票型基金也不可避免会出现大跌，使投资者蒙受巨大损失。

### 案例

#### 股票型基金的风险

根据乐视网（300104）2017年1月26日发布的财报和公募基金2016年报，持有乐视的公募基金累计已亏损约6.86亿元；2016年第四季度，重仓乐视网（300104）的基金共有41只，如果忽略不计2016年第四季度新进的4只基金，另外37只公募基金累计持乐视网（300104）流通股数8121.28万股。按2016年12月6日收盘价估算，这37只公募基金因持有乐视网（300104）而浮亏约6.86亿元，其中"公募一哥"任泽松所管理的中邮基金浮亏3.5亿元。

**3. 操作不宜过于频繁**

股票型基金，虽然在短期行情中可能落后于市场，但其长期表现看好，投资者不应进行频繁调整。因为基金的交易费用比股票多，以免交易成本上升，净值表现落后于大盘。

**4. 构建分散化基金组合**

较为常见的混搭组合是一只偏股型基金加一只债券型基金再加一只货币基金，重点关注每个类别中长期业绩优异的品种，然后根据自身的风险收益偏好，确定每个类型的资产配置比例。不把钱放在同一个篮子里，可以减轻不可预知的市场风险。这一做法的好处是无论哪种资产类别获得了高回报，投资者都会有一定的比重参与到该类资产中，同样，无论哪类市场表现较差，也会承担一定比例的风险。

**5. 遇到大波动的应对**

每逢基金市场发生大的波动，各股票基金业绩开始分化，一些品种如分红型基金，达到一定条件就分红，能够有效地锁定投资收益，制度性地减少未来可能的下跌风险。对投资者来说，将一部分收益现金化，减少了随股市下跌带来的净值损失。

## 四、基金交易规则

**1. 封闭式基金的交易规则**

①封闭式基金的交易时间为每周一至周五，上午9:30—11:30，下午13:00—15:00。
②封闭式基金的交易遵从"价格优先、时间优先"的原则。
③封闭式基金的报价单位为每份基金价格。
④我国封闭式基金的交易采用电脑集合竞价和连续竞价两种方式。
⑤深、沪证券交易所对封闭式基金的交易与股票交易一样实行价格涨跌幅限制，涨跌幅比例为10%。
⑥我国封闭式基金的交收同A股一样实行T+1交割、交收。

**2. 开放式基金的交易规则**

开放式基金的交易有以下几种渠道：银行营业所柜台、网上银行、基金公司网站（直销）、证券公司开户。以上各种方法各有特点，但最推荐的方法是通过基金公司的网站直接购买。

直销申购费率最低，最低可打4折，具有与网银上买卖同样省时、省力等优点。通过网银或基金公司网站申购与赎回基金，任何一天24小时内的任何时间都可以操作。但是，在交易日0:00—15:00办理完成的交易按当天的净值作为计算价格，在15:00—24:00和股市非交易日办理完成的交易按下一个交易日的净值作为计算价格，例如在周五15:00后办理完成的申购或赎回按下周一的净值作为计算价格。在五一、国庆和春节等长假期间办理的申购或赎回，按节后股市第一个交易日的净值作为计算价格。直销的缺点是客户需要购买多家基金公司产品的时候，需要在各家基金公司逐一办理开户手续，投资管理比较复杂。

对于年纪较大的中老年基金投资者来说，可以利用银行网点众多的便利性，在银行网点完成基金的申购和赎回。缺点是认购和申够手续费没有任何优惠；当天的交易必须在15:00前完成，计及排队填表的时间，最晚应该在14:30到银行，而在14:30—15:00，股市尾盘可能出现急剧变化，与14:30前的行情出入较大，致使与在去银行前的理想申购或赎回的指数点位不符。

**小常识：基金定投**

### 行之有效的基金投资方法
——定时定额投资法

定时定额投资，是指每隔一段固定的时间（如每月）以固定金额的资金投资于某一种投资工具。例如，你每个月固定拿出1000元投资于某只开放式基金，并持续进行，就是定时定额投资。对于大多数没有时间研究证券的普通人而言，这是一种省时省力，而且风险很低的投资方法，也适合于家庭日常理财。

利用定时定额法投资基金，因为每个月固定投资，当股市上涨、基金净值高时，买到的单位数较少；当市场下跌、基金净值低时，买到的单位数较多。如此长期下来，成本和风险自然会摊低。

# 第四章
## 股票价格指数期货

股票价格指数期货简称股指期货,是一种金融衍生工具。在理解股指期货前,我们先来理解期货。期货,英文是"future",即未来的意思,与现货相对。现货交易是一手交钱一手交货。期货是现在进行买卖,但是在将来进行交收或交割的标的物,这个标的物可以是某种商品(例如黄金、原油、农产品),也可以是金融工具,还可以是金融指标。交收期货的日子可以是一星期之后,一个月之后,三个月之后,甚至是一年之后。买卖期货的合同或者协议叫作期货合约。买卖期货的场所叫作期货市场。投资者可以对期货进行投资或投机。

举一个简单的例子。比如每年2月14日情人节这天,玫瑰花的价格往往比平时高很多。小王想在情人节这天给他的女友送100支玫瑰花,可担心价格太高承担不起,于是在1月3日前往花店与店主商量,希望店主在2月14日当天以每支8元的价格卖给他100支,不管到时玫瑰的市场价格是多少。双方提前就此签订一份协议,同时小王交纳一定的定金,到情人节这天,双方都按协议内容履行各自义务。这个协议可以理解为期货合约。可是后来情况有变,小王在1月底与女友分手,于是尝试在网上将协议以20元价格卖出,此时玫瑰花现货已出现涨价势头,于是网上有人愿意购买协议去执行。随后,越来越临近情人节,玫瑰花的价格已大幅上涨,于是后来购买协议的人改变决定,拟在网上以40元的价格卖出协议,以此盈利。此时,本来是玫瑰花期货的交易,现在已经变成了期货合约的交易,并且随着原交易对象价格的变动,期货合约的价格也随之同方向变动。

"股指期货",也就是把标的物玫瑰花,换成了"股票价格指数"。指数可按一定的规定,转换成"元"。比如我国沪深300股指期货的合约乘数为每点300元,这样就可以对股指期货合约进行交易了。但不同于商品期货,股指期货到期并不进行实物交割,仅为现金交割。股指期货属于金融衍生品的一种。

## 一、金融衍生工具

金融衍生工具,其原意是金融的派生物、衍生物,是指一种根据事先约定的事项进行支付的双边合约,其合约价格取决于或派生于原生金融工具的价格及其变化。金融衍生工具是相对于原生金融工具而言的。这些相关的或原生的金融工具一般指股票、债券、存单、货币等。

以下通过沪深300股指期货合约(见表4-1)来说明金融衍生工具的特点。

表4-1 沪深300股指期货合约

| 报价单位 | 指数点 |
| --- | --- |
| 最小变动价位 | 0.2点 |
| 合约月份 | 当月、下月及随后两个季月 |
| 交易时间 | 上午:9:15—11:30,下午:13:00—15:15 |
| 最后交易日交易时间 | 上午:9:15—11:30,下午:13:00—15:00 |
| 每日价格最大波动限制 | 上一个交易日结算价的±10% |
| 最低交易保证金 | 合约价值的8% |
| 最后交易日 | 合约到期月份的第三个周五,遇国家法定假日顺延 |
| 交割日期 | 同最后交易日 |
| 交割方式 | 现金交割 |
| 交易代码 | IF |
| 上市交易所 | 中国金融期货交易所 |

### 1. 跨期性

金融衍生工具是交易双方通过对利率、汇率、股价等因素变动趋势的预测,约定在未来某一时间按照一定条件进行交易或选择是否交易的合约。无论是哪一种金融衍生工具,都会影响交易者在未来一段时间内或未来某时点上的现金流,跨期交易的特点十分突出。这就要求交易双方对利率、汇率、股价等价格因素的未来变动趋势作出判断,而判断的准确与否直接决定了交易者的交易盈亏。以上合约月份包括当月、下月及随后两个季月。

打开交易软件后,点击"期货",能看到如图4-1所示的截图。

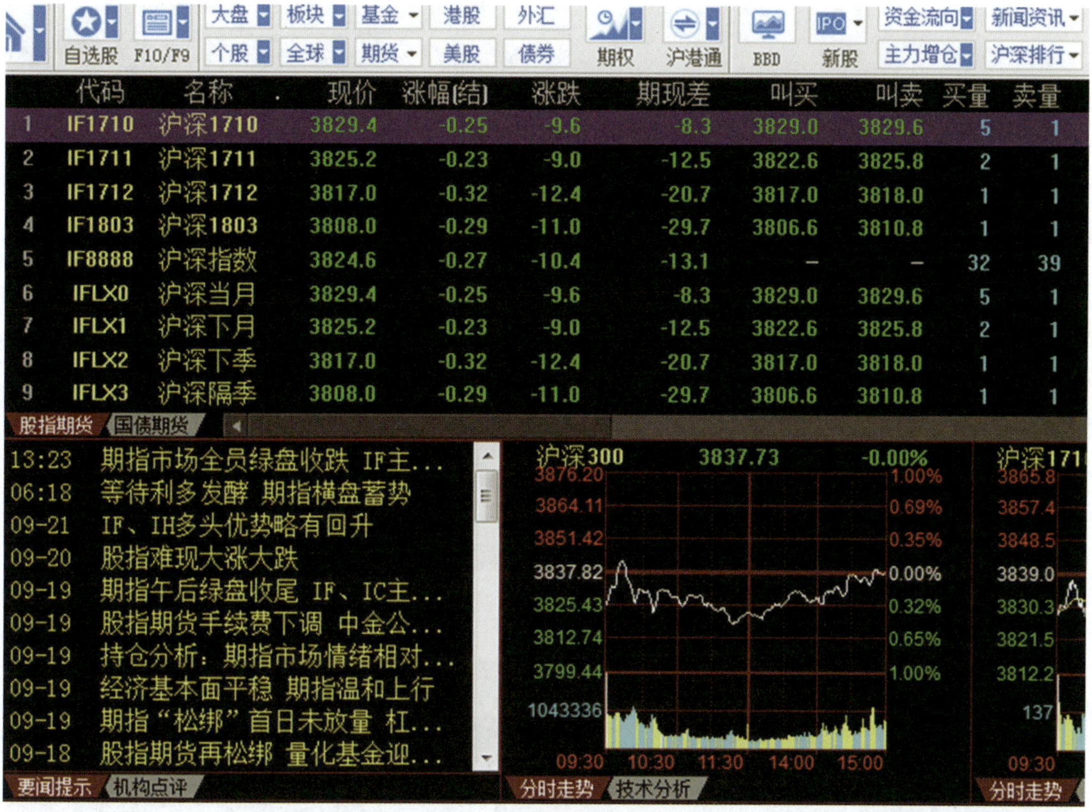

图4-1 期货交易软件截图

根据证监会规定,沪深300股指期货合约的交易代码是IF。IF是股指期货交易代码,17指合约年份,10指合约到期月份。如IF1711是指到期日为2017年11月的沪深300股指期货合约。

### 2. 杠杆性

金融衍生工具交易一般只需要支付少量的保证金或权利金就可签订远期大额合约或互换不同的金融工具。例如,若期货交易保证金为合约金额的5%,则期货交易者可以控制20倍于所投资金额的合约资产,实现以小博大的效果。在收益可能成倍放大的同时,投资者所承担的风险与损失也会成倍放大,基础工具价格的轻微变动也许就会带来投资者的大盈大亏。金融衍生工具的杠杆效应一定程度上决定了它的高投机性和高风险性。以上合约的保证金为合约价值的8%。沪深300指数期货一手 = 沪深300指数 × 300 × 保证金比例,一个点300元,最小变动单位0.2。比如某天交易时,沪深300指数为3829.4点,则一手为3829.4 × 300 × 0.08=91905.6(元)。

### 3. 联动性

联动性是指金融衍生工具的价值与基础产品或基础变量紧密联系、规则变动。通常,金融衍生工具与基础变量相联系的支付特征由衍生工具合约规定,其联动关系既可以是简单的线性关系,也可以表达为非线性函数或者分段函数。图4-2是沪深300股指(基础变量)走势图，图4-3是衍生工具股指期货合约走势图，投资者可观察二者的联动性。

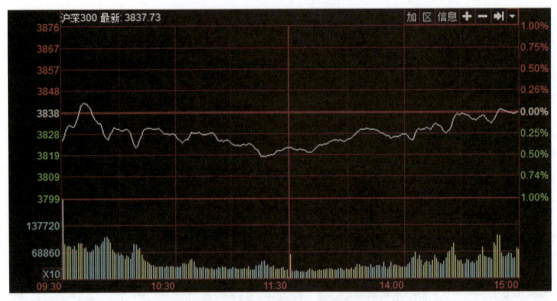

图4-2　沪深300股指（基础变量）走势图

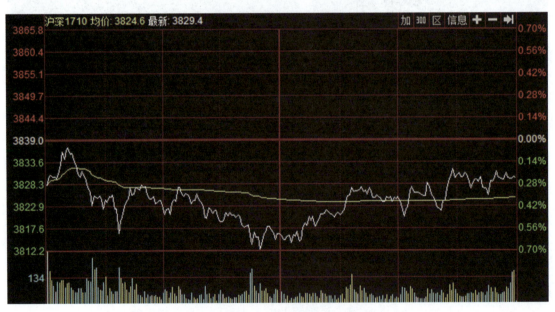

图4-3　衍生工具股指期货合约走势图

### 4. 不确定性或高风险性

金融衍生工具的交易结果取决于交易者对基础工具（变量）未来价格（数值）的预测和判断的准确程度。基础工具价格的变幻莫测决定了金融衍生工具交易盈亏的不稳定性，这是金融衍生工具高风险性的重要诱因。

## 二、股指期货合约的交易特点及规则

**1. 指数标的**

股指期货合约的交易对象既不是具体的实物商品，也不是具体的金融工具，而是衡量各种股票平均价格变动水平的无形指数。

**2. 涨跌停板制度**

涨跌停板制度主要用来限制期货合约每日价格波动的最大幅度。根据涨跌停板的规定，某个期货合约在一个交易日中的交易价格波动不得高于或者低于交易所事先规定的涨跌幅度，超过这一幅度的报价将被视为无效，不能成交。一个交易日内，股指期货的涨幅和跌幅限制设置为10%。也就是说，合约上一交易日的结算价加上允许的最大涨幅构成当日价格上涨的上限，称为涨停板，而该合约上一交易日的结算价格减去允许的最大跌幅则构成当日价格下跌的下限，称为跌停板。

**3. 卖空交易**

卖空交易是指投资者在合约价格处于高价位时，在当前价位卖出，当价格回落到很低水平时再买入相同数量的合约，以此来赚得差价。简单来讲，就是看跌指数合约，先以较高价格卖出手里没有的东西，到期前一定还得买回来，才算一个完整的交易，否则系统将强行平仓。

**4. 强行平仓制度**

平仓是指期货交易者买入或卖出与其所持期货合约的品种、数量及交割月份相同但交易方向相反的期货合约，了结期货交易的行为。股指期货有最后交割日，沪深300股指期货也要交割，到了交割日必须平仓，否则会被系统强制平仓。

期货交易的全过程可以概括为建仓、持仓、平仓或实物交割。建仓也叫开仓，是指交易者新买入或新卖出一定数量的期货合约。在期货市场上，买入或卖出一份期货合约相当于签署了一份远期交割合同。如果交易者将这份期货合约保留到最后交易日结束，他就必须通过实物交割或现金清算来了结这笔期货交易。然而，进行实物交割的是少数，大部分投机者和套期保值者一般都在最后交易日结束之前择机将买入的期货合约卖出，或将卖出的期货合约买回，即通过一笔数量相等、方向相反的期货交易来冲销原有的期货合约，以此了结期货交易，解除到期进行实物交割的义务。这种买回已卖出合约，或卖出已买入合约的行为就叫平仓。建仓之后尚没有平仓的合约，叫未平仓合约或者未平仓头寸，也叫持仓。交易者建仓之后可以选择两种方式了结期货合约，要么择机平仓，要么保留至最后交易日并进行实物交割。对于看涨行情，投资者通过买入开仓，卖出平仓；看跌行情时卖出开仓，买入平仓。

强行平仓是指仓位持有者以外的第三人（期货交易所或期货经纪公司）由于客户未及时追加交易保证金、违反交易头寸限制等违规行为、政策或交易规则临时发生变化等强行了结仓位持有者的仓位，又称被斩仓或被砍仓。

### 5. 逐日盯市

每日无负债结算制度也称为"逐日盯市"制度，简单说来，就是期货交易所要根据每日市场的价格波动对投资者所持有的合约计算盈亏并划转保证金账户中相应的资金。若调整后的保证金余额小于维持保证金，交易所便发出通知，要求在下一交易日开市之前追加保证金，使其达到初始保证金水平。若投资者不能按时追加保证金，交易所将有权强行平仓。

交易者在持仓过程中，会因市场行情的不断变化而产生浮动盈亏（结算价与成交价之差），因而保证金账户中实际可用来弥补亏损和提供担保的资金就随时发生增减。浮动盈利将增加保证金账户余额，浮动亏损将减少保证金账户余额。当保证金账面余额接近负数时，交易者必须在规定时间内补充保证金，否则在下一交易日，交易所或代理机构有权实施强行平仓。这部分需要新补充的保证金就称追加保证金。

例如，某投资者账户原有保证金200,000元，在3890点（每点300元）买进某月沪深300指数期货合约2手，手续费为单边每手100元，保证金比例为8%。当日期指下跌，结算价为3800点。

当日浮动盈亏=（3800−3890）×300元×2手=−54 000（元）
手续费=2×100=200（元）
投资者权益=200 000−54 000−200=145 800（元）
保证金占用=3800×300×10%×2=182 400（元）
可用资金=投资者权益−保证金占用=145 800−182 400=−36 600（元）

要维持2手的多头持仓，保证金尚缺36600元，这意味着下一交易日开市之前必须追加保证金36600元或自行减仓。如果该投资者在下一交易日开市之前没有将保证金补足或自行减仓，那么期货公司可以对其持仓实施部分强制平仓。

### 6. 持仓限额

交易所为了防范市场操纵和少数投资者风险过度集中的情况，对会员和客户手中持有的合约数量上限进行一定的限制，这就是持仓限额制度。限仓数量是指交易所规定结算会员或投资者可以持有的、按单边计算的某一合约的最大数额。一旦会员或客户的持仓总数超过了这个数额，交易所可按规定强行平仓或者提高保证金比例。

### 7. 大户报告

大户报告制度是指当投资者的持仓量达到交易所规定的持仓限额时，应通过结算会员或交易会员向交易所或监管机构报告其资金和持仓情况。

## 三、交易程序（入市门槛）

### 1. 交易程序

股指期货的交易程序和股票基本相同。

首先要开户。开户第一步是寻找合适的股指期货平台，投资者可以直接到当地期货经纪公司开户，也可以去证券公司。现在大多数证券公司都有IB业务，证券公司IB业务是指证券公司接受期货经纪商的委托，为期货经纪商介绍客户的业务。第二步是确定开户填写资料，第三步是签署风险告知书，第四步是往交易账户注入资金。

其次，分析行情。在下单之前投资者肯定要分析盘面和行情。如果是新手交易者，可以先开立模拟交易账户，尝试交易一段时间。分析行情可以采用基本面分析和技术面分析相结合的办法，类似于股票行情分析。

最后下单。经过分析行情制订了交易计划之后，就可以下单交易了。下单的操作也非常简单，按照自己的交易计划严格执行。

### 2. 入市门槛

由于股指期货交易采取保证金交易制度，风险及收益都大于单纯的股票交易，所以入市门槛比较高。

①申请开户时，保证金账户可用资金余额不低于人民币50万元；

②具备股指期货基础知识，通过相关测试；

③具有累计10个交易日、20笔以上的股指期货仿真交易成交记录，或者最近三年内具有10笔以上的商品期货交易成交记录；

④不存在严重不良诚信记录；不存在法律、行政法规、规章和交易所业务规则禁止或者限制从事股指期货交易的情形；

⑤净资产不低于人民币100万元；

⑥申请开户时保证金账户可用资金余额不低于人民币50万元；

⑦具有累计10个交易日、20笔以上的股指期货仿真交易成交记录，或者最近三年内具有10笔以上的商品期货交易成交记录；

⑧不存在严重不良诚信记录；不存在法律、行政法规、规章和交易所业务规则禁止或者限制从事股指期货交易的情形。

## 四、交易策略

### 1. 同时进行股指合约与股票交易

目前国内的股票市场是一个单边市场，股市涨的时候大家都赚钱，跌的时候大家都无可奈何地赔钱。当个人投资者预测股市将上升时，可买入股票现货增加持仓，也可以买入股票指数期货合约。这两种方式在预测准确时都可盈利。相比之下，买卖股票指数期货的交易手续费比较便宜。当个人投资者预测股市将下跌时，可卖出已有的股票现货，也可卖出股指期货合约。对持有股票的长期投资者，或者出于某种原因不能抛出股票的投资者，在对短期市场前景看淡的时候，可通过出售股票指数期货（比如案例中的光大证券），在现货市场继续持仓的同时，锁定利润、转移风险。

### 2. 制订交易计划

确定获利和亏损的限度。任何预测都有可能与行情的真实走向相左，因此，在决定是否买空或卖空期货合约的时候，投资者应该事先为自己确定一个能够承受的最大亏损限度，做好交易前心理准备。最重要的是，一旦交易出现损失，并且损失已经达到事先确定数额时，立即对冲了结，必须毫不犹豫地执行。

### 3. 合理选择入市时机和品种

这时需要运用基本分析法来判断市场是处于牛市还是熊市。即使对市场发展趋势的分析正确，但趋势当中也有调整，这足以带来惨重的损失。技术分析法对选择入市时间有一定作用。谨慎地研究将要交易的品种，最好不要同时进行三种以上不同种类的期货合约交易。

### 4. 做好资金风险管理

一个最简单的办法就是投资额务必控制在全部资本的50%以内，在单个的市场上所投入的总资金务必控制在总资本的10%—15%，在单个市场上的最大总亏损金额务必控制在总资本的5%以内。

### 5. 学会看盘

盘上的价格和成交量，只能作为我们交易具体价格的选择，不能作为买卖方向的依据。买卖的方向必须以K线形态、均线系统、成交量来系统分析。股票技术分析中的方法在此同样适用。

> **案例** 股指期货的做空交易机制
>
> **光大证券异常交易始末**
>
> 2013年8月16日11时05分，光大证券在进行ETF申赎套利交易时，因程序错误，其所使用的策略交易系统以234亿元巨量申购180ETF成分股，实际成交达72.7亿元，引起沪深300、上证综指等大盘指数和多只权重股短时间大幅波动。这一事件是我国资本市场建立以来首次发生的一起因交易软件缺陷引发的极端个别事件，对证券期货市场造成的负面影响很大。事件发生后，中国证监会和有关交易所迅速反应、紧急处置，并对光大证券立案调查。
>
> 光大证券在异常交易事件发生后、信息依法披露前转换并卖出ETF基金、卖空股指期货合约。
>
> 光大证券在异常交易事件发生后，根据公司《策略交易部管理制度》中关于"系统故障导致交易异常时应当进行对冲交易"的规则，开始卖空IF1309股指期货合约（截至中午休市卖空235张），并向部门总经理杨剑波汇报。同时，光大证券接到上海证券交易所问询，开始内部核查。
>
> 13时开始，光大证券因重要事项停牌。经过法定的披露程序，14时22分，光大证券公告"当天上午公司策略投资部门自营业务在使用其独立的套利系统时出现问题"。

信息披露前，11时40分至12时40分左右，徐浩明、杨赤忠（助理总裁、分管策略投资部）、沈诗光、杨剑波等人紧急商定卖空股指期货合约、转换并卖出ETF对冲风险，责成杨剑波负责实施。13时至14时22分，光大证券卖空IF1309、IF1312股指期货合约共6240张，获利7414万元。同时，转换并卖出180ETF基金2.63亿份、50ETF基金6.89亿份，规避损失1307万元。以上两项交易获利和避损合计8721万元。14时22分以后，光大证券继续卖空IF1309股指期货合约（截止到收市新增卖开750张，买平200张）。

资料来源：http://finance.sina.com.cn/stock/quanshang/qsyj/20130830/223616622207.shtml。

**小常识：我国金融期货发展史上的重要事件**

1993年3月10日，海南证券交易报价中心在全国首次推出股票指数期货交易，可交易品种包括深圳综合指数和深圳综合A股指数各4个到期月份的期货合约。1993年9月9日，中国证监会通知，券商未经批准不得开办指数期货交易业务。海南证券交易报价中心深圳综合指数和深圳综合A股指数期货交易业务在10月暂停。

1993年10月25日，上海证券交易所国债期货交易向社会公众开放。与此同时，北京商品交易所在期货交易所中率先推出国债期货交易。1994年至1995年春节前，国债期货飞速发展，全国开设国债期货的交易场所从2家陡然增加到14家（包括两个证券交易所、两个证券交易中心以及10个商品交易所）。由于股票市场的低迷和钢材、煤炭、食糖等大宗商品期货品种相继被暂停，大量资金云集国债期货市场，尤其是上海证券交易所。1994年全国国债期货市场总成交量达2.8万亿元。

此时"327"事件发生了，327国债是指1992年发行的三年期国债92（三），1995年6月到期兑换。1992—1994年中国面临高通胀压力，银行储蓄存款利率不断调高，国家为了保证国债的顺利发行，对已经发行的国债实行保值贴补。保值贴补率由财政部根据通胀指数每月公布，因此，对通胀率及保值贴补率的不同预期，成了327国债期货品种的主要多空分歧。以上海万国证券为首的机构在"327"国债期货上作空，而以中经开为首的机构在此国债期货品种上作多。多空双方拼尽全力在市场上厮杀，在最后8分钟内，万国证券共抛空"327"国债1056万口（共计2112亿元的国债）。"327"国债期货收盘时价格被打到147.40元。当日开仓的多头全线爆仓。但成交量的迅速放大并不能说明问题，关键是期货交易的保证金根本没有，一句话，是透支交易，但反映在期货价格上却成为当天的收盘价。

"327事件"震撼了中国证券期货界。在仲裁机关的调解下，2月27日、28日进行了协议平仓，但效果不甚理想，3月1日又进行了强行平仓。局面刚刚明朗，又值两会召开，对"327事件"责任的追究成为人大代表、政协委员关注的焦点。后来，中纪委、监察部会同中国证监会、财政部、中国人民银行、最高人民检察院等有关部门组成联合调查组，在上海市政府配合下进行了4个多月的调查，在此基础上作出了严肃处理。"327风波"之后，各交易所采取了提高保证金比例，设置涨跌停板等措施以抑制国债期货的投机气氛。但因国债期货的特殊性和当时的经济形势，其交易中仍风波不断，并于当年5月10日酿出"319风波"。5月17日，中国证监会鉴于中国当时不具备开展国债期货交易的基本条件，作出了暂停国债期货交易试点的决定。至此,中国第一个金融期货品种宣告夭折。

沪深300股指期货是以沪深300指数作为标的物的期货品种,在2010年4月由中国金融期货交易所推出。

2013年9月6日,国债期货正式在中国金融期货交易所上市交易。

# 第五章 股票期权

## 一、期权的定义及特征

期权可以简单理解为未来的权利。期权买卖也就是对未来的某种权利的交易，权利的内容以合约的形式体现。投资者买入了某种权利，可以选择在一定的行权期行使权利盈利，也可以放弃行使权利只损失权利金，或将已买入的权利合约再高价卖出获利。

### 1. 期权的定义

期权是在期货的基础上产生的一种金融工具。从其本质上讲，期权实质上是在金融领域中将权利和义务分开进行定价，使得权利的受让人在规定时间内对于是否进行交易行使其权利，而义务方必须履行。在期权交易时，购买期权的合约方称作买方，而出售合约的一方则叫作卖方。买方即是权利的受让人，而卖方则必须是义务的履行人。期权具有以下特征。

（1）与金融期货相比，金融期权的主要特征在于它仅仅是买卖权利的交换。

（2）期权的买方在支付期权费（权利金）后，就获得了期权合约所赋予的权利，即在期权合约规定的时间内，以事先确定的价格向期权的卖方买进或卖出某种金融工具的权利但并没有必须履行该期权合约的义务。期权买方可以选择行使他所拥有的权利。

（3）期权的卖方在收取期权费后就承担着在规定时间内履行该期权合约的义务。即当期权的买方选择行使权利时，卖方必须无条件地履行合约规定的义务而没有选择的权利。

**2. 期权的分类**

（1）按期权的权利划分

可分为看涨期权和看跌期权两种类型

①看涨期权，是指期权的买方向期权的卖方支付一定数额的权利金后，即拥有在期权合约的有效期内，按事先约定的价格向期权卖方买入一定数量的期权合约规定的特定商品的权利，但不负有必须买进的义务。而期权卖方有义务在期权规定的有效期内，应期权买方的要求，以期权合约事先规定的价格卖出期权合约规定的特定商品。

例如，1月1日，标的物是铜期货，它的期权执行价格为1850美元/吨。A买入这个权利，付出5美元；B卖出这个权利，收入5美元。2月1日，铜期货价上涨至1905美元/吨，看涨期权的价格涨至55美元。A可采取两个策略。

行使权利：A有权按1 850美元/吨的价格从B手中买入铜期货；B在A提出这个行使期权的要求后，必须予以满足，即便B手中没有铜，也只能以1905美元/吨的市价在期货市场上买入而以1850美元/吨的执行价卖给A，而A可以1905美元/吨的市价在期货市场上抛出，获利50美元/吨（1905-1850-5）。B则损失50美元/吨（1850-1905+5）。

售出权利：A可以55美元的价格售出看涨期权，A获利50美元/吨（55-5）。

如果铜价下跌，即铜期货市价低于敲定价格1850美元/吨，A就会放弃这个权利，只损失5美元权利金，B则净赚5美元。

②看跌期权，是指按事先约定的价格向期权卖方卖出一定数量的期权合约规定的特定商品的权利，但不负有必须卖出的义务。而期权卖方有义务在期权规定的有效期内，应期权买方的要求，以期权合约事先规定的价格买入期权合约规定的特定商品。

例如，1月1日，铜期货的执行价格为1750美元/吨，A买入这个权利，付出5美元；B卖出这个权利，收入5美元。2月1日，铜价跌至1695美元/吨，看跌期权的价格涨至55美元/吨。此时，A可采取两个策略。

行使权利：A可以按1695美元/吨的中价从市场上买入铜，而以1750美元/吨的价格卖给B，B必须接受，A从中获利50美元/吨（1750-1695-5），B损失50美元/吨。

售出权利：A可以55美元的价格售出看跌期权。A获利50美元/吨（55-5）。

如果铜期货价格上涨，A就会放弃这个权利而损失5美元权利金，B则净赚5美元。

通过上面的例子，可以得出以下结论：一是作为期权的买方（无论是看涨期权还是看跌期权）只有权利而无义务。他的风险是有限的（亏损最大值为权利金），但在理论上获利是无限的。二是作为期权的卖方（无论是看涨期权还是看跌期权）只有义务而无权利，在理论上他的风险是无限的，但收益是有限的（收益最大值为权利金）。三是期权的买方无需付出保证金，卖方则必须支付保证金以作为必须履行义务的财务担保。

（2）按期权的交割时间划分

可分为美式期权和欧式期权两种类型

①美式期权是指在期权合约规定的有效期内的任何时候都可以行使权利。

②欧式期权是指在期权合约规定的到期日方可行使权利，期权的买方在合约到期日之前不能行使权利，过了期限，合约则自动作废。

另外，还有一种百慕大期权，这是一种可以在到期日前所规定的一系列时间行权的期权。

界定百慕大期权、美式期权和欧式期权的主要区别在于行权时间的不同，百慕大期权可以被视为美式期权与欧式期权的混合体，如同百慕大群岛混合了美国文化和英国文化一样。

（3）按合约上的标的划分

可分为股票期权、股指期权、利率期权、商品期权以及外汇期权等种类。本书重点介绍股票期权。

## 二、股票期权

股票期权指买方在交付了期权费后即取得在合约规定的到期日或到期日以前按协议价买入或卖出一定数量相关股票的权利。这是对员工进行激励的众多方法之一，属于长期激励的范畴。股票期权是上市公司给予企业高级管理人员和技术骨干在一定期限内以一种事先约定的价格购买公司普通股的权利。股票期权是一种不同于职工股的崭新激励机制，它能有效地把企业高级人才的自身利益与企业利益很好地结合起来。股票期权的行使会增加公司所有者的权益。股票期权是由持有者向公司购买未发行在外的流通股，即是直接从公司购买而非从二级市场购买。

股票期权交易也分看涨期权、看跌期权和双重期权等三种基本形式。

（1）股票看涨期权

购买者可以在规定期内按协定价格购买若干单位的股票（芝加哥期权交易所规定一个合同为100股，伦敦证券交易所规定为1 000股）。当股票价格上涨时，他可按合约规定的低价买进，再以市场高价卖出，从而获利；反之，若股票价格下跌，低于合约价格，就要承担损失。由于买方盈利大小视涨价程度高低而定，故称看涨期权。

例如，某期权买方与卖方签订一个6个月的合约，买卖100股某公司股票，股票面值每股10美元，每份合同100股，期权费每股1美元共100美元，协定价格每股11美元。

如果在合约期内股价上涨，为每股13.5美元，这时买方有两种选择。

第一种，执行期权，即按11美元买入100股，支付1 100美元，然后再将这100股在交易所以每股13.5美元卖出，收入1 350美元，利润为250美元，扣除期权费后，净利达150美元。

第二种，转让期权。如果在股价上涨时，期权费也上升，如本例升为每股3美元，则买方可出让该看涨期权，收入300美元，净赚200美元，收益率高达200%。以较小的代价就能获取极大的利润，正是期权的魅力所在。

当然，如果股市走势与买方预测相反，买方就要承担损失。这时他也可有两种选择。

第一种，不执行期权，亦即使期权自动到期，买方损失100美元期权费。

第二种，削价出售期权，亦即买方在合约有效期内对行情上涨已失去信心，于是就中途削价出售期权，以每股0.5美元出售，损失50美元。

（2）股票看跌期权

在规定期内按协定价格出售若干单位的股票。当股票价格下跌时，期权买方就按合约规定价格把期权卖给卖方，然后在交易所低价购进从中获利。由于此时买方盈利大小视股价下跌程度而定，故称看跌期权。

例如，期权买方与卖方签订一份6个月期的合约，协定价格每股14元，出售股数100股，期权费每股1.5美元共150美元，股票面值每股15美元。买方在这个交易中有两种选择。

第一种，执行期权。如果在规定期内股价果然下降，降为每股12美元，这时买方就执行期权，即按协定价格卖给卖方100股，收进1 400美元，然后在交易所按市场价买入100股，支付1 200美元，获利200美元，扣除期权费150美元，净利50美元。

第二种，出卖期权。当股价下跌，同时看跌期权费也升高，如涨至每股3.5美元，则买方就出售期权，收进350美元，净利200美元。反之，如果股票走势与预测相反，买方则会遭受损失，损失程度即为其所付的期权费。

（3）股票双重期权

它是指期权买方既有权买也有权卖，买卖看价格走势而定。由于这种买卖都会获利，因此，期权费会高于看涨或看跌期权。

# 三、我国的股票期权

中国证监会已批准上海证券交易所开展股票期权交易试点，试点产品为上证50ETF期权，正式上市交易日为2015年2月9日。上海证券交易所于2017年年初表示，将推动新增股票期权交易标的。

投资者打开交易软件，点击"期权"，即可查看50ETF期权价格走势，如图5-1所示。

图5-1　50ETF期权价格走势图

## 1. ETF的定义

ETF的英文全称是Exchange Traded Funds，一般被称为交易所交易基金，也就是一种在交易所上市交易的基金。

## 2. 上证50ETF

上证50ETF就是以上证50指数成分股为标的进行投资的指数基金。上证50指数每半年调整一次成分股，特殊情况时也可能对样本进行临时调整。上证50ETF的代码是510050。就像任何股票一样，在交易软件输入该代码可以查到价格变动情况。根据左侧的个股资料，可以查到详细持股情况，如图5-2所示（目前权重最大的前几个股票是中国平安、招商银行、贵州茅台、兴业银行、民生银行、交通银行、中国建筑、浦发银行、农业银行、中信证券）同时可以看到行业组合，目前金融行业权重是64%，制造业有17%。

| 股票名称 | 股票代码 | 持有量(万股) | 市值(万元) | 占净值 | 投资行业组合 | 市值(亿元) | 占净值 |
|---|---|---|---|---|---|---|---|
| 中国平安 | 601318 | 7444.97 | 369345.10 | 12.31% | 金融业 | 193.04 | 64.36% |
| 招商银行 | 600036 | 7089.31 | 169505.49 | 5.65% | 制造业 | 51.83 | 17.28% |
| 贵州茅台 | 600519 | 343.90 | 162268.60 | 5.41% | 建筑业 | 19.89 | 6.63% |
| 兴业银行 | 601166 | 8563.91 | 144387.58 | 4.81% | 采矿业 | 11.16 | 3.72% |
| 民生银行 | 600016 | 16242.07 | 133509.83 | 4.45% | 房地产业 | 9.56 | 3.19% |
| 交通银行 | 601328 | 18877.58 | 116285.87 | 3.88% | 交通运输、仓储和邮政业 | 5.53 | 1.84% |
| 中国建筑 | 601668 | 10306.23 | 99767.23 | 3.33% | 信息传输、软件和信息技术服务业 | 4.04 | 1.35% |
| | | | | | 电力、热力、燃气及水生产和供应业 | 2.50 | 0.83% |

图5-2　50ETF详细情况

### 3. ETF期权

ETF期权就是在投资者支付一定额度的权利金后，获得了在未来某个特定时间，以某个特定价格买入或卖出指数基金的权利。到期后可以选择行使该权利，获得差价收益；也可以选择不行使该权利，损失权利金。

例如，2017年9月30日50ETF价格是2.726元/份。投资者认为上证50指数在未来1个月内会上涨，于是选择购买一个月后到期的50ETF认购期权。假设买入合约单位为10 000份、行权价格为2.726元、次月到期的50ETF认购期权一张。而当前期权的权利金为0.1元，需要花0.1×10 000=1000元的权利金。在合约到期后，投资者有权利以2.726元的价格买入10 000份50ETF，也有权利不买。假如一个月后，50ETF涨至2.956元/份，那么投资者肯定是会行使该权利的，以2.726元的价格买入，并在后一交易日卖出，可以获利约（2.956-2.726）×10 000=2300元，减去权利金1000元，可获得利润1300元。如果上证50涨得更多，当然就获利更多。相反，如果1个月后50ETF下跌，只有2.316元/份，那么投资者可以放弃购买的权利，则亏损权利金1000元。也就是说不论上证50跌到什么程度，最多只损失1000元。

### 4. 股票期权的交易程序

①交易时间。股票期权交易时间与股票交易时间基本一致，这样安排是为了防止市场受到操纵。

②竞价原则。与股票的竞价原则一致，包括价格优先、时间优先原则。

③期权买卖类型。总共六种，即买入开仓、买入平仓、卖出开仓、卖出平仓（期货交易也同样有这四种交易类型）、备兑开仓、备兑平仓。

备兑开仓指的是一种"抛补式"的期权，也就是说投资者在合约到期时，按行权价卖出标的证券的义务可以通过持有的标的证券予以履行，因此，想要实现备兑开仓，则必须先购买期权，然后才可以进行交易。由于有相应等分的现券作担保，可以用于被行权时交付现券，因而被称为"备兑"。

### 5. 入市门槛

个人投资者参与股票期权交易，应当符合下列条件，简称"五有一无"。

①申请开户时托管在指定交易的期权经营机构的证券市值与资金账户可用余额（不含通过融资融券交易融入的证券和资金），合计不低于人民币50万元。

②指定交易在证券公司6个月以上并具备融资融券业务参与资格或者金融期货交易经历；或者在期货公司开户6个月以上并具有金融期货交易经历。

③具备期权基础知识，通过上海证券交易所认可的相关测试。

④具有上海证券交易所认可的期权模拟交易经历。

⑤具有相应的风险承受能力。

⑥无严重不良诚信记录和法律、法规、规章及上海证券交易所业务规则禁止或者限制从事期权交易的情形。

# 附录　上市公司行业分类指引

1　分类对象与使用范围

1.1　《上市公司行业分类指引》(以下简称《指引》)以在中国境内证券交易所挂牌交易的上市公司为基本分类单位。

1.2　《指引》规定了上市公司分类的原则、编码方法、框架及其运行与维护制度。

1.3　《指引》为非强制性标准，适用于证券行业内的各有关单位、部门对上市公司分类信息进行统计、分析及其他相关工作。

2　分类原则与方法

2.1　以上市公司营业收入为分类标准，所采用财务数据为经会计师事务所审计的合并报表数据。

2.2　分类方法

2.2.1　当公司某类业务的营业收入比重大于或等于50%，则将其划入该业务相对应的类别。

2.2.2　当公司没有一类业务的营业收入比重大于或等于50%时，如果某类业务营业收入比重比其他业务收入比重均高出30%，则将该公司划入此类业务相对应的行业类别；否则，将其划为综合类。

3　编码方法

3.1　《指引》将上市公司的经济活动分为门类、大类两级，中类作为支持性分类参考。由于上市公司集中于制造业，《指引》在制造业的门类和大类之间增设辅助性类别（次类）。与此对应，总体编码采用了层次编码法；类别编码采取顺序编码法：门类为单字母升序编码；制造业下次类为单字母加一位数字编码；大类为单字母加两位数字编码；中类为单字母加四位数字编码。

3.2　各类中带有"其他"字样的收容类，以所属大类的相应代码加两位数字"99"表示。

3.3　大类、中类均采取跳跃增码，以适应今后增加或调整类属的需要。

4　管理机构及其职责

4.1　中国证监会主要职责为：

A）制定、修改和完善《指引》；

B）负责《指引》及相关制度的解释；

C）为证券交易所对上市公司所属类别的划分备案。

4.2　证券交易所负责分类指引的具体执行。主要职责为：

A）负责上市公司类别变更日常管理工作；

B）定期向中国证监会报备对上市公司类别的确认结果。

5　实施办法

5.1　本《指引》自公布之日起开始实施。

5.2　上市公司类别确认方法如下：

5.2.1　对于已上市公司，由交易所根据上市公司填报的《上市公司行业资料调查表》（附后，以下简称《调查表》），按照《指引》分类原则进行分类。

5.2.2 对于拟上市公司，应在上报上市申请材料时，向交易所填报《调查表》，由交易所按照《指引》分类原则进行分类。

5.2.3 未经交易所同意，上市公司不得擅自改变公司类属。上市公司因兼并、置换等原因而营业领域发生重大变动，可向交易所提出书面申请，并同时上报《调查表》。由交易所按照《指引》对上市公司的行业类属进行变更。

5.2.4 中国证监会及地方证券监管部门在统计报表编制及各种对外信息公告中，应遵照《指引》执行。

5.2.5 证券交易所应遵照《指引》编制统计报表以及各种与上市公司类属有关的对外信息。

6 分类结构与代码

A 农、林、牧、渔业

 A01 农业

  A0101 种植业

  A0199 其他农业

 A03 林业

 A05 畜牧业

  A0501 牲畜饲养放牧业

  A0505 家禽饲养业

  A0599 其他畜牧业

 A07 渔业

  A0701 海洋渔业

  A0705 淡水渔业

 A09 农、林、牧、渔服务业

  A0901 农业服务业

  A0905 林业服务业

  A0915 畜牧兽医服务业

  A0920 渔业服务业

  A0999 其他农、林、牧、渔服务业

B 采掘业

 B01 煤炭采选业

  B0101 煤炭开采业

  B0105 煤炭洗选业

 B03 石油和天然气开采业

  B0301 天然原油开采业

  B0305 天然气开采业

  B0310 油页岩洗选业

 B05 黑色金属矿采选业

  B0501 铁矿采选业

  B0599 其他黑色金属矿采选业

 B07 有色金属矿采选业

B0701 重有色金属矿采选业
　　B0715 轻有色金属矿采选业
　　B0730 贵金属矿采选业
　　B0740 稀有稀土金属矿采选业
　　B09 非金属矿采选业
　　B0901 土砂石开采业
　　B0911 化学矿开采业
　　B0921 采盐业
　　B0999 其他非金属矿开采业
　　B49 其他矿采选业
　　B50 采掘服务业
　　B5001 煤炭采选服务业
　　B5003 石油和天然气开采服务业
　　B5005 黑色金属矿采选服务业
　　B5007 有色金属矿采选服务业
　　B5009 非金属矿采选服务业
　　B5099 其他矿采选服务业
C 制造业
　　C0 食品、饮料
　　C01 食品加工业
　　C0101 粮食及饲料加工业
　　C0111 植物油加工业
　　C0115 制糖业
　　C0120 屠宰及肉类蛋类加工业
　　C0125 水产品加工业
　　C0130 盐加工业
　　C0199 其他加工业
　　C03 食品制造业
　　C0301 糕点、糖果制造业
　　C0310 乳制品制造业
　　C0320 罐头食品制造业
　　C0330 发酵制造业
　　C0340 调味品制造业
　　C0399 其他食品制造业
　　C05 饮料制造业
　　C0501 酒精及饮料酒制造业
　　C0510 软饮料制造业
　　C0520 制茶业
　　C0599 其他饮料制造业
　　C1 纺织、服装、皮毛

C11 纺织业
C1101 纤维原料初步加工业
C1105 棉纺织业
C1110 毛纺织业
C1115 麻纺织业
C1120 丝绢纺织业
C1125 针织品业
C1199 其他纺织品业
C13 服装及其他纤维制品制造业
C1301 服装制造业
C1320 制帽业
C1340 制鞋业
C1399 其他纤维制品制造业
C14 皮革、毛皮、羽绒及制品制造业
C1401 制革业
C1405 皮革制品制造业
C1410 毛皮鞣制及制品业
C1415 羽毛（绒）加工及制品业
C2 木材、家具
C21 木材加工及竹、藤、棕、草制品业
C2101 锯材、木片加工业
C2105 人造板制造业
C2110 木制品业
C2115 竹、藤、棕、草制品业
C25 家具制造业
C2501 木制家具制造业
C2505 竹、藤家具制造业
C2510 金属家具制造业
C2525 塑料家具制造业
C2599 其他家具制造业
C3 造纸、印刷
C31 造纸及纸制品业
C3101 纸浆制造业
C3105 造纸业
C3110 纸制品业
C35 印刷业
C37 文教体育用品制造业
C3701 文化用品制造业
C3710 体育用品制造业
C3799 其他文教用品制造业

C4 石油、化学、塑胶、塑料
C41 石油加工及炼焦业
C4101 人造原油生产业
C4105 原油加工业
C4110 石油制品业
C4115 炼焦业
C43 化学原料及化学制品制造业
C4301 基本化学原料制造业
C4310 化学肥料制造业
C4320 化学农药制造业
C4330 有机化学产品制造业
C4350 合成材料制造业
C4360 专用化学产品制造业
C4370 日用化学产品制造业
C47 化学纤维制造业
C4701 纤维素纤维制造业
C4705 合成纤维制造业
C4710 渔具及渔具材料制造业
C48 橡胶制造业
C4801 轮胎制造业
C4805 力车胎制造业
C4810 橡胶板、管、带制造业
C4815 橡胶零件制造业
C4820 再生橡胶制造业
C4825 橡胶靴鞋制造业
C4830 日用橡胶制品业
C4835 橡胶制品翻修业
C4899 其他橡胶制品业
C49 塑料制造业
C4901 塑料薄膜制造业
C4905 塑料板、管、棒材制造业
C4910 塑料丝、绳及编织品制造业
C4915 泡沫塑料及人造革、合成革制造业
C4920 塑料包装箱及容器制造业
C4925 塑料鞋制造业
C4930 日用塑料杂品制造业
C4935 塑料零件制造业
C4999 其他塑料制造业
C5 电子
C51 电子元器件制造业

C5110 电子器件制造业
C5115 电子元件制造业
C55 日用电子器具制造业
C57 其他电子设备制造业
C59 电子设备修理业
C6 金属、非金属
C61 非金属矿物制品业
C6101 水泥制造业
C6105 水泥制品和石棉水泥制品业
C6115 砖瓦、石灰和轻质建筑材料制造业
C6120 玻璃及玻璃制品业
C6125 陶瓷制品业
C6130 耐火材料制品业
C6150 石墨及碳素制品业
C6160 矿物纤维及其制品业
C6199 其他非金属矿物制品业
C65 黑色金属冶炼及压延加工业
C6501 炼铁业
C6505 炼钢业
C6510 钢压延加工业
C6515 铁合金冶炼业
C67 有色金属冶炼及压延加工业
C6701 重有色金属冶炼业
C6715 轻有色金属冶炼业
C6730 贵金属冶炼业
C6740 稀有稀土金属冶炼业
C6750 有色金属合金业
C6760 有色金属压延加工业
C69 金属制品业
C6901 金属结构制造业
C6905 铸铁管制造业
C6910 工具制造业
C6920 集装箱和金属包装物品制造业
C6925 金属丝绳及其制品业
C6930 建筑用金属制品业
C6935 金属表面处理及热处理业
C6999 其他金属制品业
C7 机械、设备、仪表
C71 普通机械制造业
C7101 锅炉及原动机制造业

C7105 金属加工机械制造业
C7110 通用设备制造业
C7115 轴承、阀门制造业
C7120 其他通用零部件制造业
C7125 铸件制造业
C73 专用设备制造业
C7301 冶金、矿山、机电工业专用设备制造业
C7310 石化及其他工业专用设备制造业
C7320 轻纺工业专用设备制造业
C7325 农、林、牧、渔、水利业机械制造业
C7340 医疗器械制造业
C7350 其他专用设备制造业
C7355 专用机械设备修理业
C75 交通运输设备制造业
C7501 铁路运输设备制造业
C7505 汽车制造业
C7510 摩托车制造业
C7515 自行车制造业
C7520 电车制造业
C7525 船舶制造业
C7530 航空航天器制造业
C7540 其他交通运输设备制造业
C7545 交通运输设备修理业
C76 电器机械及器材制造业
C7601 电机制造业
C7610 输配电及控制设备制造业
C7615 电工器械制造业
C7620 日用电器制造业
C7630 照明器具制造业
C7640 其他电器机械制造业
C7645 电器机械修理业
C78 仪器仪表及文化、办公用机械制造业
C7801 通用仪器仪表制造业
C7805 专用仪器仪表制造业
C7810 电子测量仪器制造业
C7815 计量器具制造业
C7820 文化、办公用机械制造业
C7825 钟表制造业
C7835 其他仪器仪表制造业
C7840 仪器、仪表及文化、办公用机械修理业

C8 医药、生物制品
C81 医药制造业
C8101 化学药品原药制造业
C8105 化学药品制剂制造业
C8110 中药材及中成药加工业
C8115 动物用药品制造业
C85 生物制品业
C8501 生物药品制造业
C8599 其他生物制品业
C99 其他制造业

D 电力、煤气及水的生产和供应业
D01 电力、蒸汽、热水的生产和供应业
D0101 电力生产业
D0105 电力供应业
D0110 蒸汽、热水的生产和供应业
D03 煤气生产和供应业
D0301 煤气生产业
D0305 煤气供应业
D05 自来水的生产和供应业
D0501 自来水生产业
D0505 自来水供应业

E 建筑业
E01 土木工程建筑业
E0101 房屋建筑业
E0105 矿山建筑业
E0110 铁路、公路、隧道、桥梁建筑业
E0115 堤坝、电站、码头建筑业
E0103 线路、管道和设备安装业
E0199 其他土木工程建筑业
E05 装修装饰业

F 交通运输、仓储业
F01 铁路运输业
F03 公路运输业
F0301 汽车运输业
F0399 其他公路运输业
F05 管道运输业
F07 水上运输业
F0701 远洋运输业
F0705 沿海运输业
F0710 内河、内湖运输业

F0799 其他水上运输业
F09 航空运输业
F0901 航空客货运输业
F0910 通用航空业
F11 交通运输辅助业
F1101 公路管理及养护业
F1105 港口业
F1110 水运辅助业
F1115 机场及航空运输辅助业
F1120 装卸搬运业
F1199 其他交通运输辅助业
F19 其他交通运输业
F21 仓储业

G 信息技术业
G81 通信及相关设备制造业
G8101 通信设备制造业
G8110 雷达制造业
G8115 广播电视设备制造业
G8120 通信设备修理业
G83 计算机及相关设备制造业
G8301 电子计算机制造业
G8310 计算机相关设备制造业
G8335 计算机修理业
G85 通信服务业
G8501 电信服务业
G8599 其他通信服务业
G87 计算机应用服务业
G8701 计算机软件开发与咨询
G8705 计算机网络开发、维护与咨询
G8710 计算机设备维护咨询业
G8799 其他计算机应用服务业

H 批发和零售贸易
H01 食品、饮料、烟草和家庭用品批发业
H0101 食品、饮料、烟草批发业
H0110 绵、麻、土畜产品批发业
H0120 纺织品、服装、鞋帽批发业
H0130 日用百货批发业
H0140 日用杂品批发业
H0150 五金、交电、化工批发业
H0160 药品及医疗器械批发业

H03 能源、材料和机械电子设备批发业
H0301 能源批发业
H0305 化工材料批发业
H0310 木材批发业
H0315 建筑材料批发业
H0320 矿产品批发业
H0325 金属材料批发业
H0330 机械、电子设备批发业
H0335 汽车、摩托车及零配件批发业
H0340 再生物资回收批发业
H09 其他批发业
H11 零售业
H1101 食品、饮料、烟草零售业
H1120 纺织品、服装、鞋帽零售业
H1130 日用百货零售业
H1140 日用杂品零售业
H1150 五金、交电、化工零售业
H1160 药品及医疗器械零售业
H1170 图书报刊零售业
H1199 其他零售业
H21 商业经纪与代理业
I 金融、保险业
　I01 银行业
　I0101 政策性银行
　I0105 合作银行
　I0110 国有独资商业银行
　I0199 其他商业银行
　I11 保险业
　I1101 人寿保险业
　I1110 财产保险业
　I1115 再保险业
　I1199 其他保险业
　I21 证券、期货业
　I2101 证券交易所
　I2111 证券经纪公司
　I2121 综合类证券公司
　I2151 期货交易所
　I2161 期货经纪公司
　I2199 其他证券、期货业
　I31 金融信托业

I41 基金业
　　I99 其他金融业
J 房地产业
　　J01 房地产开发与经营业
　　J05 房地产管理业
　　J09 房地产中介服务业
　　J0901 房地产经纪业
　　J0920 房地产评估业
　　J0930 房地产咨询业
　　J0999 其他房地产中介服务业
K 社会服务业
　　K01 公共设施服务业
　　K0101 市内公共交通业
　　K0199 其他公共设施服务业
　　K10 邮政服务业
　　K20 专业、科研服务业
　　K2001 法律服务业
　　K2005 广告业
　　K2010 会计、统计、审计咨询服务业
　　K2015 建筑、工程咨询服务业
　　K2020 专业设计服务业
　　K2025 管理、科技咨询服务业
　　K2030 社会调查业
　　K2035 科研开发服务业
　　K2099 其他专业、科研服务业
　　K30 餐饮业
　　K32 旅馆业
　　K34 旅游业
　　K36 娱乐服务业
　　K37 卫生、保健、护理服务业
　　K39 租赁服务业
　　K99 其他社会服务业
L 传播与文化产业
　　L01 出版业
　　L0101 书、报、杂志、资料出版业
　　L0110 软件出版业
　　L0199 其他出版业
　　L05 声像业
　　L0501 声乐制品业
　　L0505 影像制品业

L10 广播电影电视业

L1001 广播

L1005 电影

L1010 电视

L15 艺术业

L20 信息传播服务业

L2001 信息、数据收集服务业

L2005 数据处理业

L2099 其他信息传播服务业

L99 其他传播、文化产业

M 综合类

# 附件：上市公司行业资料调查表

1. 公司名称
2. 股票简称
3. 公司股票在证券交易所的代码：A股 B股 H股
4. 依《公开发行股票公司信息披露的内容和格式准则》第二号年度报告的内容与格式（2000年修订稿）中《会计报表附注指引（试行）》的第七条分行业资料的规定，将公司上年度报告中主营业务收入10%（含10%）以上的各行业有关财务数据填入下表：

| 行业 | 营业收入 | |
|---|---|---|
| | 数值/元 | 占总营业收入的比例/% |
| | | |
| | | |
| | | |
| | | |
| | | |
| | | |
| | | |
| | | |
| 合计 | | |

# 参考文献

[1] 杨宜. 证券投资学[M]. 北京：机械工业出版社，2005.
[2] 中国证券业协会. 证券投资分析[M]. 北京：中国财政经济出版社，2009.
[3] 中国证券业协会. 证券投资基金[M]. 北京：中国财政经济出版社，2009.
[4] 中国证券业协会. 证券交易[M]. 北京：中国财政经济出版社，2009.
[5] 中国证券业协会. 证券市场基础知识[M]. 北京：中国财政经济出版社，2009.